KB008555

임세은식당으로 오세요

# 임세은식당으로 오세요

### 씩씩하고 당당한 정치 맛집

임세은 지음

북큐마

•

민주주의, 민생경제, 정의와 법치, 공정과 상식, 그 어떤 것도 바로 서지 못하는 위기의 시대입니다. 국민에 닥친 위기를 극복하기 위해선 올바른 정치가, 변화된 정치가 필요한 시기입니다. <임세은식당으로 오세요>에는 어떤 정치가 필요한지 서술되어 있습니다. 임세은 소장이 걸어온 길이 어떤 길이었는지도 볼 수 있습니다. 행동하는 정치, 마음을 움직이는 정치가 모두가 행복하고, 차별 없이 고루 잘 사는 나라, 희망의 미래를 꿈꾸는 내일을 만들어갈 것입니다. 더 나은 내일을 위해 노력하는 모든 분들에게 일독을 권합니다. _이재명 더불어민주당 당대표

•

씩씩하고 당당한 임세은 소장이 운영하는 임세은식당으로 오세요.

윤석열 정권 들어서서 민주주의는 후퇴하고 서민 경제는 추락의 길로 가고 있습니다. 민생경제연구소 임세은 소장은 후퇴하는 대한민국의 오늘의 현실에 대해 가장 앞장서서 불의한 권력에 맞

서며 해법을 제시하는 용감한 사람입니다.

임세은 소장과는 2020년 총선에서 공천관리위원으로 처음 만나 참으로 지혜롭고 정의로운 청년이라는 느낌을 받았습니다. 과연 제 생각은 틀리지 않았습니다. 이후 임세은 소장이 그 능력을 인정받아 청와대에서 근무하게 되었을 때 기대와 응원의 박수를 보냈습니다. 그리고 국민권익위원장과 청와대 청년소통정책관으로 반가운 재회를 했습니다.

<임세은식당으로 오세요>를 보고 임세은 소장이 제가 그동안 알고 있었던 늘 한결같이 정의롭고 똑똑한 청년이라는 것을 확인할 수 있었습니다. 또 얼마나 성실하고 씩씩한 사람인지도 알 수 있었습니다.

건강한 사회인으로 성장하는 과정에서는 여러 에피소드를 통해 웃음이 나오기도 했고, 증권맨으로서 여의도를 누비는 이야기는 전문직 여성이자 워킹맘으로서의 애환도 엿볼 수 있었습니다. 청와대에서의 이야기는 저의 국민권익위원장 시절과 오버랩되며 그때의 기억도 떠올라 반가웠습니다.

무엇보다 임세은 소장이 민생경제연구소장으로서 부당함과 불의에 맞서며 권력과 투쟁하며 서민 경제의 해법과 정의를 찾아가는 모습에 많은 공감을 느낍니다. 뒷걸음치지 않고 용기 있게 전진하고 있는 민생경제연구소와 임세은 소장의 활동과 미래를 응원합니다.

임세은 소장의 첫 저서 <임세은식당으로 오세요>를 통해 독자

들이 답답한 오늘의 대한민국 현실에서 빛과 희망을 찾을 수 있기를 기대합니다. _전현희 전 국민권익위원장

●

임세은 소장이 책을 펴낸다는 소식을 듣고 정말 바쁜 하루하루를 살아가는 분이 참 대단하다고 생각했는데 드디어 이렇게 좋은 책이 완성되어 세상에 나왔습니다. 시인 정현종 선생님은 '방문객'이라는 시에서 '사람이 온다는 건 실은 어마어마한 일이다. 그는 그의 과거와 현재와 그리고 그의 미래와 함께 오기 때문이다. 한 사람의 일생이 오기 때문이다. 부서지기 쉬운 그래서 부서지기도 했을 마음이 오는 것이다'라고 노래했는데요. 임세은 소장의 일생이 이 한 권의 책에 담겨 있기에 이 책은 실로 '어마어마한 책'이라고 감히 말할 수 있겠습니다. 이 책에는 임세은 소장의 일생뿐 아니라 그가 그리는 활기찬 미래, 그리고 동시대를 살아가는 많은 사람의 삶과 애환 및 우리 시대의 희망과 소망까지 오롯이 담겨 있기 때문입니다. 저도 졸저이지만 <되돌아보고 쓰다>라는 책을 펴낸 적이 있습니다. 그때 책 내는 일이 기존에 써놓은 글이 꽤 있었는데도 참 힘겨웠던 기억이 있는데, 임세은 소장에게 참 수고 많으셨다는 응원과 칭찬을 아끼고 싶지 않습니다.

임세은 소장을 만나게 된 것은 2014년 어느 좋은 봄날이었습니다. 대기업 증권회사에 다니는 한 청년이 경제민주화와 재벌

개혁에 관심이 많다며 지금은 국회 보좌진으로 일하는 분과 함께 저를 만나러 제가 사랑으로 일하던 참여연대 사무실로 찾아온 일이 있는데, 바로 그가 임세은 소장이었습니다. 대기업 증권회사를 다니면서 틈틈이 경실련 활동도 참여하고 있던 그는 만나자마자 "경제민주화와 재벌 개혁"을 위해 우리 청년 세대가 참여연대나 경제민주화전국네트워크 등과 힘을 모아야 한다고 얘기했고, 그래서 저를 찾아왔다고 했습니다. 참 반갑고 대단한 일이 아닐 수 없었습니다. 유수의 대기업에 다니면서 시민단체 활동에도 참여하고 2012년 대선에서는 문재인 펀드 1호로도 참여했다는 것을 알게 된 후, 당장 직장에서의 '안위'가 걱정됐습니다.

그는 "일은 일대로 열심히 하면서, 제가 하고 싶은 정치나 사회 참여를 하는 것이니 무엇이 문제가 되겠느냐?"며 "직장에서 한번은 상사가 불러서 조심하라고 주의를 줬는데, 정치나 사회 참여가 불법도 아니고 오히려 시민의 미덕이니 아랑곳하지 않겠다"라고 힘주어 말했습니다. 이러니 당시 제 주변에서 경제민주화 운동을 하던 분들이나 정치 개혁에 관심 많던 분들이 그를 좋아하지 않을 수 없었습니다.

우리는 그날부터 좋은 사람들을 함께 만났고 그 후 임세은 소장 계보 모임이라는 뜻에서 각계각층 인사들과 함께 '임계 모임'이라는 것을 만들어 함께 공부하고 토론하며, 또 틈만 나면 집회에도 적극 참여하며 경제민주화와 재벌 개혁, 그리고 박근혜 정권 퇴진과 촛불 시민혁명의 성공을 함께 외쳤습니다.

그렇게 문재인 정부가 탄생한 뒤 임세은 소장은 십수 년 다니던 대기업 증권사를 사직하고 새로운 인생의 길로 나섰고, 저 역시 참여연대 사무처장 임기를 마친 뒤 2018년 역시 어느 좋은 봄날에 '이제 우리의 민주주의는 정치적 민주주의와 시민 항쟁의 민주주의를 넘어서서 민생민주주의, 경제민주주의, 가난한 사람들을 위한 민주주의의 길로 희망차게 나아가야 한다'는 마음과 다짐으로 민생경제연구소를 함께 만들게 됐습니다. 우리는 그 같은 민주주의를 '오브 더 피플, 바이 더 피플, 포 더 피플'을 넘어서는 '오브 더 푸어, 바이 더 푸어, 포 더 푸어'라고 지금까지도 열심히 호소하고 있습니다.

민생경제연구소를 설립한 뒤 따로 또 같이 한국 사회를 아름답게 바꾸고 발전시키는 길에서 열심히 살아가던 우리는, 최근 윤석열 정치검찰 독재 심판의 길에서 뜨거운 동지애로 다시 뭉쳤습니다. 모든 것이 퇴행하고 무너지고 있는 윤석열 정권 시대에, 우리는 이제 그 전보다 더 강하게, 더 뜨겁게, 더 크게 연대하고 소통하며 거대한 민생-민주-평화-미래의 네트워크를 정말 제대로 만들어나가야 합니다.

그렇게 임세은 소장과 저는 다시 수많은 좋은 분들을 함께 만나고 또 동지들을 규합하며 2024년 새해 벽두인 지금까지도 민생 경제 살리기와 민주주의, 평화, 인권의 회복을 위해 함께 싸우고 있습니다. 이제 다시는 무너지지 않을 민생-민주-평화-미래의 길을 굳건히 개척하고 반석에 올려놓아야 합니다. 저희가 허황되거나 과장된 자기 인식을 전혀 갖고 있지 않지만 임세은 소장도 저희 민생경제연구소도 지금의 시대적 과제에 한없이 겸허하고 성실하게 복무해야 할 것입니다.

임세은 소장을 잘 아는 분들은 그의 장점과 활력에 많은 박수를 보내고 있지만, 그가 이 시대의 더욱더 매력적이고 행동하는 정책가·정치가가 되려면 스스로 더 많이 공부하고 더 많이 성찰하고 더 많이 노력해야 할 것입니다. 그러한 공부와 성찰, 노력의 과정에서 이번에 이 책도 나왔을 것입니다. 한 권의 책에는 한 사람의 일생이 담겨 있다고 합니다. 그래서 책 한권 한권이 참 대단하고 임세은 소장과 이 책에도 깊은 경의를 표합니다.

이번 책 출간을 계기로 임세은 소장이 2014년 어느 좋은 봄날 참여연대를 찾아왔던 그때의 아름다운 포부와 각오처럼, 이제 우리 한국 사회와 우리 국민들을 위해 정말 제대로 된 정책가·정치가로 끊임없이 일신우일신 진화해가시길 빕니다.

민생경제연구소 공동소장 안진걸 올림

•

참으로 오랜만에 들어보는 말이었다. 12월인데도 봄날같이 따뜻한 날씨가 지속되었고, 친구는 개나리꽃이 피었다는 소식을 전해왔었다. 나는 당연히 지구 온난화에 따른 이상 기후이겠거니 생각했다. 그런데 우연히 신문을 뒤적이다가 '엘리뇨'라는 단어를 보게 되었다. 한겨울 이상 고온의 원인을 동태평양 해수면 온도가 장기간 상승하는 현상인 엘리뇨라는 분석을 내놓은 것이다.

하지만 신문 기사를 본 지 며칠 지나지 않았는데 엊그제는 폭우가 내리더니 오늘은 전국적으로 한파주의보가 발령되었다. 전문가들이 내놓은 분석이 빛바랜 모양새다. 그동안 따뜻한 겨울이 지속된 덕분에 '엘리뇨'의 뜻을 다시 찾아보았는데 오늘은 아침부터 한파 대비 재난 문자가 쇄도하고 있으니 말이다.

이제 더 이상 엘리뇨를 논할 필요가 없게 되었다. 추워졌기 때문이다. 갑자기 기온이 뚝 떨어져 현관문이 열릴 때마다 들어오는 한기 때문에 밖에 나갈 엄두가 나지 않는다. 겨울은 추워야 한다고 따뜻한 기온을 걱정했는데 갑자기 추위가 닥쳐 처지가 바뀌니 언제 그랬느냐고 행동하고 있다.

문득 세상살이도 이와 다름없다는 생각이 들었다. 상황과 입장에 따라 언행이 조금씩 바뀌어가는 경우가 적지 않다. 그러다 세월이 흐르다 보면 전혀 다른 사람으로 변해 있기도 하다. 처음 흑돌을 들고 바둑을 시작했는데 대국이 끝날 때쯤 보면 백돌을 놓고 있는 사람도 한둘이 아니다. 그런데도 세상이 좀 살 만한 것은, 아직 변하지 않은 것들도 있기 때문이다.

30여 년 만에 반가운 연락을 받았다. 중학교 2학년 담임을 맡았을 때 가르쳤던 제자 임세은이다. 전화를 끊고 기억을 되살려 보니 세은이는 당시 가장 무섭다는 중2인데도 씩씩하고 야무졌던 학생이었다. 한번은 교실에서 학생들이 시끄럽게 떠들며 난리를 치고 있어 혼내려고 들어갔는데 세은이가 앞으로 나서며 자기가 주도해 아이들과 떠들고 놀게 되었다고, 정말 죄송하다고 말하는 것이었다. 그녀는 친구들의 잘못까지 본인이 감당하며 책임지려 하는 학생이었다.

그런 세은이를 따끔할 정도로 혼낸 적이 있다. 충분히 자질이 있어 보이는 데도 노력하지 않아 성적이 기대에 못 미쳤기 때문이다. 그런 후 어느 정도 시일이 지났을까? 성적 발표를 하는데, 반에서 10등~20등 사이의 성적을 냈던 세은이가 갑자기 3등으로 뛰어올랐다. 혼내기는 했지만 제대로 받아들일지 걱정했었는데, 깨달은 것이 생기고 마음을 단단히 먹었는지, 남모르게 열심히 공부했던 것이었다.

세상만사 다 그렇듯이 공부도 한번 탄력이 붙으면 어느 정도는 저절로 굴러가기 마련이다. 그런데 세은이는 놀라울 정도로 성적이 향상되었어도 거기에 만족하지 않은 모양이다. 가능성을 스스로 확인해서인지 더 열심히 노력해 고입 전국 연합고사에서 여학생 중 전교 1등을 하고 졸업을 했다. 참으로 기특하고 놀라운 학생이었다. 미림여고에 입학했고 이화여자대학교 경제학과를 졸업하고 금융 계통에서 중추적인 역할을 할 정도로 성장했다.

사춘기를 겪을 나이임에도, 중학교 담임에게 호되게 혼난 것이 계기가 되어 최선을 다하는 사람으로 거듭났다는 그녀, 강산이 세 번 바뀌도록 마음 변치 않고 자기를 알아봐준 선생이었다고 찾아준 것이 눈물 나게 고맙다.

항상 씩씩하고 올곧으면서도 친구들을 위할 줄도 알았던 학생, 쓴소리도 사리에 맞으면 기꺼이 받아들였던 그 어린 학생이 어느 날 자기 분야에 큰 나무처럼 우뚝 서서 그동안의 커리어를 한 편의 책으로 엮었다. 성장기에 있는 청소년들에게는 훌륭한 삶의 지침서일 것이고, 성인들에게는 한 편의 감동적인 드라마일 것이다. 오늘보다 나은 내일을 위해 한 걸음 더 내딛고자 하는 사람들에게 꼭 한 번 읽어볼 것을 권한다.

_이환준 성보중학교 교감(저자의 성보중 2학년 5반 담임)

# 차례

# 서민의 삶을 챙기는 식당

2023년 2월 유튜브 채널 '임세은식당'을 개설했다. 채널을 운영하려면 맨 먼저 나만의 채널 이름을 지어야 했다. 평범한 이름보다는 무언가 의미가 담긴 재미있는 이름을 짓고 싶었다. 며칠을 고민하던 어느 날 점심을 먹으러 근처 가정식 백반집을 찾았다. '식당'이라는 단어가 머릿속에 맴돌았다.

식당이란 사람들에게 과연 어떤 의미일까. 내가 생각하는 식당은 배가 고플 때 언제든 쉽게 문을 열고 들어가 따뜻하게 배를 채우는 공간이다. 그래서 나는 약속을 정할 때 '어디 식당 잡아서 만나자'라는 말을 자주 사용한다. 격식을 갖춰야 할 어려운 약속이 있을 때 예약하는 값비싼 레스토랑이 아니라, 가까운 이들과 편안한 대화를 나누며 함께하는 언제나 열려 있는 공간. 그 식당에서 사람들과 함께하자는 마음을 담기로 했다.

'임세은식(의) 당'을 만들고 싶었다. 기득권 유지에만 힘쓰며 불의와 권력 앞에 움츠리는 정당이 아니라 할 말은 하고 불의에는 앞서 싸우는 당이 있었으면 좋겠다고 생각했다. 거침없이 나아가는 '임세은식의 당!' 민생에 녹아든 정치가 가능한 당! 임세은식당을 지지하는 분들과 함께하고 싶었다.

식당이라는 단어에 몰두하다 보니 언제나 내게 붙는 '씩씩한' '당당한'이라는 두 수식어가 반짝 떠올랐다. 나와 만난 사람들은 나를 '씩씩한 임세은'이라 부른다. 어떤 경우에도 기죽지 않는 '당당한 임세은'으로 기억한다. 그래서 비로소 '씩씩하고 당당한 임세은'의 '임세은식당'이라는 이름이 됐다.

임세은식당이 개업했다. 씩씩하고 당당한 주인장이 다양한 메뉴를 준비했다. 민주주의, 민생 경제, 정의, 법치, 공정, 상식. 언제든 문을 열고 들어와 원하는 메뉴를 주문할 수 있다. 고단한 매일의 삶, 마음과 허기를 모두 채우는 따뜻한 밥 한술로 다시 내일을 열어갈 수 있도록. 임세은식당은 현재 영업 중이다.

나는 민생경제연구소라는 시민단체의 대표다. 다양한 민생 현안을 이슈화하고 불공정한 제도를 개선하기 위해 앞장서왔다. 부정 불법의 사회 현안을 바로잡기 위해 현장을 비집고 다녔다. 정의로운 사회를 만들기 위한 강한 신념으로 '잘나가는 증권맨' 생활을 정리하고 민생경제연구소를 설립했다.

민생경제연구소는 민생 경제를 위한 활동은 기본이고 불의와는 끝까지 싸워 결판을 보는 역동적인 시민단체가 되려고 했다. 특히 권력자들의 불법 비리를 먼저 파헤쳐 맞서고 세상에 널리 알리고자 노력했다. 다소 몰아치는 기세로 활동을 펼치다 보니 '고발'만 하는 곳이라 오해를 받곤 하지만 사실 우리 단체는 서민들의 삶에 밀접한 다양한 민생 이슈에 대응하고 시정하는 일에 집중하고 있다. 실제 무연산 양주의 불합리한 가격 담합을 시정하는 역할을 했고 시민들의 소소한 제보들까지도 속속들이 확인해 직접 싸우며 해결하고 있다.

최근에는 정부의 여러 비리 의혹을 파헤치기 위한 활동을 전개하고 있다. 국가 산업을 개인의 사리사욕을 위해 불법적으로 변경하는 것으로 의심되는 '서울-양평 고속도로 게이트' 관련 의혹을 제보받고 가장 먼저 의혹을 제기하고 공론화한 곳이 민생경제연구소다.

수년간 누구도 아닌 오직 국민의 눈높이에 맞춰 활동해온 덕분에 많은 시민의 신뢰를 받고 있다. 매일 다양하고 수많은 종류의 제보들이 우리에게 접수되고 있다. 소소한 민생 문제 현안에서부터 권력자나 정치인의 비위, 민생 정책 건의 등 분야를 막론하고 민생경제연구소를 믿고 제보가 온다.

민생경제연구소는 작은 시민단체이기에 기본적인 운영비 외에 모두 무보수 봉사직으로 활동하고 있다. 시민들이 우리의 활동을 응원하며 십시일반 보내주는 소중한 후원금은 감사의 마음을 더해 사회를 위한 소중한 쓰임으로 환원하고자 전액 기부하고 있다. 민생경제연구소의 이름으로 기부한 금액은 지금까지 3억 원에 이르고 있다. 하지만 그 누구도 한마디 불만 없이 우리의 활동 하나하나를 자랑스럽고 기쁘게 여긴다.

이 사회가 사람들에게 차갑고 각박하지 않았으면 한다. 특히 실패한 자들에게 너무 가혹하지 않았으면 한다. 청년이 됐든 나이가 들었든 한번 실패하면 일어서기가 너무 힘든 환경이다. 실패가 오히려 더 굳어져버리는, 다시 일어설 수 없게 만드는 사회. 우리 모두의 삶이 타고난 환경이나 사회구조 때문에 억울한 좌절과 불행을 겪지 않게, 공정하고 평등한 사회를 만들기 위해 먼저 뜨겁게 달리고, 따뜻한 손을 내밀 수 있는 임세은식당의 주인장이 될 것임을 다짐한다.

인생의 운명처럼 혹은 정해진 계획표처럼 임세은식당을 열었으니 이를 사명이라 여기고 열심히 식당을 운영할 것이다. 주인장 임세은이 더 나은 사회를 만들기 위한 사명을 다해 씩씩하고 당당하게 일할 수 있게, 많은 분이 주저 없이 문을 열고 들어와 임세은식당이 선보이는 메뉴를 맛봤으면 한다. 서민의 삶을 챙기는 특급 레시피. 바로 임세은식당에서만 만나볼 수 있다.

2023년 12월

임세은 쓰다

# 귀기울이다 1

신림동, 신촌, 여의도

## 신림동 골목에서 피어난 유년 시절

유년 시절에 대한 기억은 서울 관악구 신림동에서 시작된다. 동네에 아파트가 많지 않았지만 내가 살았던 신림8동 미성아파트와 길 건너편에 있는 강남아파트에는 문창초등학교에 다니는 또래 친구들이 많이 살았다. 지금도 신림동 골목을 따라 걷다 보면 방과 후 친구들과 아파트 단지와 골목을 휘저으며 열심히 뛰어놀던 어린 시절의 추억이 아른거린다.

친구들을 불러 모아 날이 어둑해질 때까지 놀이터에 남아 놀다 혼난 기억, 무서운 중학생 선배들을 보고 겁에 질려 쏜살같이 도망치던 아찔한 기억까지. 그리고 이제는 그때의 씩씩하고 꿈 많던 임세은 어린이처럼 초롱초롱한 눈망울로 내게 재잘대는 은우와 선우, 두 아이의 손을 양손에 꼭 잡고, 추억 속에 있는 신림동 골목을 한 바퀴 다시 걸어본다.

## 할머니의 숟가락에 묻은 눈물의 의미

부모님은 내내 맞벌이를 하셨다. 아버지는 은행에 다니고 어머니는 이불집을 운영하셨다. 홀로 계시던 할머니가 부모님 대신 나와 오빠를 돌보셨다.

할아버지는 군인으로 6·25전쟁에 참전했다가 돌아가셨다. 외아들인 아버지가 불과 한 살 때의 일이었다. 할머니는 남편을 여의고 홀로 아들을 키우면서 시집살이까지 떠맡게 되셨다고 한다. 그 고운 시절 친척들의 논밭을 대신 매가며 가족을 먹여 살려야 하는 무거운 가장의 짐을 어찌 견디셨을까.

할머니의 밥그릇 옆에는 작은 유리잔이 늘 놓여 있었다. 밥을 한술 뜨고 유리잔을 비우며 자주 울음을 쏟아내셨다. 모든 짐을 남기고 야속히 떠난 할아버지에 대한 그리움과 원망, 자신의 꿈과 행복을 포기하고 살아온 스스로에 대한 연민과 슬픔. 그 모든 한이 온갖 뒤섞여 눈물로 흘러내렸다.

임세은 식당으로 오세요

## 할머니의 오빠, 할머니의 세은이

　연세가 연세인만큼 보수적 가치관을 가진 할머니는 손주인 오빠를 끔찍이 아끼셨다. 외아들인 아버지의 첫째 아들이라는 이유였을 것이다. 맛있는 음식과 새 물건은 모조리 오빠 차지였고 심부름과 남은 물건은 모조리 내 차지였다. 할머니의 극진한 오빠 사랑을 감지하셨는지 부모님은 두 자식을 더욱 공평하게 대우하고 한쪽에 치우치지 않게 가르치셨다. 그래서 나는 할머니의 남녀 차별에 대해 서운함이나 억하심정을 깊이 품지 않고 타고난 성품대로 씩씩하고 당차게 성장했다.

　오빠가 초등학교에 진학하고부터는 나와 할머니 둘만의 시간이 많아졌다. 할머니는 장을 보든 동네 친구분들을 만나시든 혼자 남은 나를 언제나 데리고 다니셨다. 사실 나도 딱히 갈 곳이 없어 울며 겨자 먹기로 할머니를 따라다닌 것이지만. 그래서인지 지금도 어르신들과 대화하고 노는 일이 편하고 익숙하다. 어디에 가도 절대 뒤지지 않는 내 고스톱 실력은 그 시절 어깨 너머 학습한 조기교육의 효과가 아닐까?

## 일곱 살짜리의 심부름 길

　나와 오빠는 신림8동에 사는 또래들이 다녔던 동작구 문창초등학교를 졸업했다. 먼저 초등학교에 진학한 오빠는 준비물을 깜빡 잊곤 했는데 놓고 간 준비물을 학교로 배달하는 심부름은 집에 있는 나의 몫이었다. 지금 돌아보니 집에서 지하철 한 정거장 정도로 꽤 먼 거리인데 꼬맹이치고 야무지게 주어진 임무를 잘 완수했다는 생각이 든다. 그때 오빠와 나의 나이가 딱 우리 아들 은우와 딸 선우와 같은 열한 살, 일곱 살이었다.

　만약 오늘 은우가 준비물을 빠뜨리고 등교를 했다면? 우리 선우가 아무리 똑소리 난다고 해도 심부름은 어림없는 일이다. 일곱 살 내가 오가며 무탈했던 그 길이 걱정되는 건, 아이들이 시야에 있어야 안심되는 엄마의 괜한 걱정일까, 아니면 미흡하게만 느껴지는 동네의 치안과 교통안전 때문일까?

## 목표는 반드시 이루고 1등은 반드시 지킨다

초등학생 때는 욕심이 많은 아이였다. 하고 싶은 일은 반드시 해내고 경쟁에서 이겨야 인정받는 듯한 기분이 들었다. 1학기에 반장이 되지 못하면 한 학기 동안 친구들과 좋은 관계를 유지하며 노력하고 모두를 내 편으로 만들어 2학기에는 반드시 반장이 되어야만 했다.

달리기를 하면 언제나 1등을 차지할 정도로 운동을 잘하는 편이었다. 어느 날 체육 수업에서 평소 성적으로 경쟁하던 동급생 친구와 달리기 실력을 견준 적이 있었다. 팽팽한 분위기에 서로 자존심을 건 승부가 시작됐다. 앞서거니 뒤서거니 격차가 나지 않는 상황에서 마지막 기회의 순간 나는 반드시 이겨야 한다는 생각에 마지막 결승선 앞으로 몸을 냅다 날렸다. 운동장 바닥에 꽂힌 무릎에서는 피가 철철 흘렀고 걷지 못할 정도로 부상을 입어 급히 양호실에 실려 갔다. 극심한 아픔이 몰려왔지만 그 와중에 달리기 1등의 타이틀을 지켰다는 희열에 싱글벙글했던 기억이 아직도 생생하다. 지금도 동창들 사이에서 인상 깊게 회자되는 에피소드 중 하나로 남아 있다.

## 비교와 강제를 벗어나기 위한 '비올라 투쟁'

  나는 초등학교에 이어 중학교까지 오빠가 졸업한 성보중학교에 진학하게 됐다. 입학해 처음 만난 1학년 담임선생님은 신기하게도 바로 전년 오빠의 3학년 담임을 맡으셨던 분이었다. 자연히 유독 공부를 잘하는 우등생이던 오빠와의 비교는 피할 수 없게 됐다. 졸업 후 외고에 진학한 오빠와 빗대는 '세은이도 오빠처럼 공부를 잘해야지'라는 말이 일 년 내내 곁을 따라다녔다. 성장 과정에서 무엇이든 나보다 앞서고 나보다 잘했던 오빠와의 비교는 지기 싫어하는 나의 불같은 성격에 계속해 기름을 끼얹었다.

  중학교에 들어간 뒤 급격히 공부에 흥미를 잃었다. 수업을 따라가지 못할 정도였으니 성적도 당연히 좋을 리 없었다. 내 진로에 대해 담임선생님과 부모님이 심각한 고민을 시작하셨다. 선생님은 어머니와의 면담에서 지금 성적으로는 서울에 있는 대학교에 갈 수 없으니 더 늦기 전에 음악을 시키면 어떻겠냐는 제안을 하셨다. 얼마 후 나는 졸지에 비올라 전공자가 되기 위한 엉뚱한 길 위로 올려졌다.

  하지만 나는 운동장을 달리면 달렸지 악기 연주에는 전혀 흥미가 없었다. 비올라 수업이 정말 재미없고 싫어 가슴이 터지도록 답답했지만, 형편없는 성적 탓에 값비싼 악기를 사고 레슨비를 투자하신 부모님을 떠올리며 무거운 마음으로 비올라를 들었다. 수천 근의 부담에 짓눌렸다. 레슨에 따라 연습하며 그럭저럭 연주하게 됐지만 도무지 음악에 흥미가 생기지 않았다.

견디다 못한 끝에 어느 날 부모님에게 "비올라 하기 싫다, 그만두겠다"고 말씀드렸다. 정말 오래 참고 또 참아 뱉은 말이었다. 하지만 부모님은 완고하셨고 몇 달이 지나도 내 의견을 수용할 기미는 보이지 않았다. 눈물 어린 호소와 진지한 설득도 끝내 통하지 않았다. 하지만 나는 도저히 더는 비올라를 할 수 없다고 결심했다. 이제 이 일을 꼭 매듭지어야만 했다.

나는 비올라를 못으로 긁어버렸다. 비올라를 하기 싫다는 확연한 의지를 표현해야 했다. 집안은 발칵 뒤집혔고 어머니에게 크게 혼났다. 어머니는 결연한 표정으로, 성적이 좋지 않아 대신 비올라를 배우게 했더니 이제 아주 못 쓰게 만들었다며 이제 누구도 걱정하지 않게 책임지고 성적을 올리라고 하셨다.

이후 나는 죽기 살기로 공부에 뛰어들었다. 그리고 다음 기말고사에서 20등 아래로 떨어졌던 등수를 10등 안으로 끌어올리며 그 지독했던 '비올라 투쟁'을 끝마쳤다. 하고 싶은 일을 해내는 것, 싫은 일은 하지 않는 것. 그 모든 상황에는 책임이 뒤따르고 그 책임을 다해야 비로소 나의 의지대로 원하는 삶을 살 수 있다는 배움을 얻은, 중학교 1학년의 치열한 첫 투쟁은 이렇게 끝났다.

## 응답하라 1997, 응답하라 '빅쇼' 티켓

나는 초등학교 6학년 때부터 '서태지와 아이들'의 열혈 팬이었다. 중학교 2학년이 된 1995년 가을 '서태지와 아이들'의 4집 앨범 '컴백홈'이 출시됐을 때 팬심은 최고조에 달했다. 나는 아주 잠깐이라도 서태지를 보기 위해 방송국이나 그의 집 앞에 찾아가 거의 반나절을 기다리다 집으로 돌아가곤 했다. 지금 생각하면 부모님이 내가 공부에 흥미를 잃은 것은 이른바 연예인의 극성팬인 '빠순이'가 됐기 때문이라고 여기실 만도 했다. 하지만 '비올라 투쟁' 직후라서 그랬는지 나를 강압적으로 통제하지는 않으셨다. 오히려 팬 생활을 일부 허용하는 솔깃한 조건을 걸어 내가 스스로 학업을 책임지게 하는 슬기로운 통제 방식을 택하셨다.

'빅쇼'라는 유명 가요 프로그램에서 '서태지와 아이들 & 김종서 세대교감'이라는 무대가 예고됐을 때 어머니는 반에서 5등을 하면 표를 구해주겠다고 약속하셨다. 나는 그 즉시 불나방처럼 공부에 뛰어들었고 목표한 등수를 달성했다. 어머니가 어렵사리 표를 구해주신 덕에 나는 서태지가 나오는 대망의 '빅쇼'를 직접 방청할 수 있었다.

그런데 그날 '빅쇼'의 방청석에 있는 내 모습이 TV 카메라에 잡힌 모양이다. 2012년 반영된 화제의 드라마 '응답하라 1997'을 시청하던 중 '응칠'의 타이틀 영상에 아무리 봐도 익숙한 얼굴이 보이는 것이다. 서태지와 아이들 신드롬을 보여주는 1990년대 자료 화면 속에 남겨진, 바로 그날의 '빅쇼'에서 서태지를 열렬히 환호하던 나 임세은이었다.

## 김대중 전 대통령에게 보낸 편지

1990년대 보수적인 한국 사회의 풍경 속에서 서태지의 엄청난 팬이었던 나는 김대중 전 대통령과 작은 인연을 맺게 된다. 당시 새정치국민회의 총재이던 김대통령이 서태지와 아이들 3집 앨범에 수록된 '발해를 꿈꾸며'를 언급하며, 한국의 젊은 세대가 전통을 잇고 역사를 되살림은 물론 통일의 중요성과 필요성을 알리는 것에 큰 감명을 받았다는 인터뷰를 했다.

서태지를 좋아하는 내내 어른들에게 꾸중을 듣거나 혼나기 일쑤였는데 김대통령의 인터뷰를 보고 처음에는 신기하고 다음에는 고맙다는 생각이 들었다. 내가 진심으로 좋아하던 가수 서태지의 가치를 공감하고 인정하는 어른이 존재한다니, 더욱이 우리 아버지보다도 훨씬 나이가 드신 어르신이라니. 어린 마음에 받은 큰 충격은 곧 감명으로 변했다. 당시 내가 '김대중'에 대해 아는 것은 그가 대통령 선거에 나갔던 사람이라는 정도였다.

나는 전화번호부 책을 뒤져 새정치국민회의 당사 주소를 알아낸 다음 김대통령에게 편지를 보냈다. 총재실로 직접 보낸 것은 아니었지만 수신인에 '김대중 총재님'이라 적었으니 무사히 총재실로 편지가 배달된 것 같다. 사실 너무 오래된 일이라 내가 그 편지에 뭐라고 썼는지 정확히 기억나지는 않지만 '서태지와 아이들'을 높게 평가한 우리 사회의 한 어르신에 대해 감사의 마음을 담은 정도의 글이었을 것이다. 사실 나는 늘 서태지를 향해 팬레터를 쓰고 있었기에 답장이 오지 않는 편지에 대해 습관이 돼 있었다. 답장이 올 수 있다는 생각은 절대 하지 못했다.

## 생각지도 못한 회신

우리 집은 경상도 집안인 데다 반공 의식이 강했다. 앞서 말했듯이 할아버지는 참전 중에 돌아가셨고, 할머니는 이따금 약주에 취하실 때 김대중을 '공산주의자', 심지어는 '빨갱이'라고도 말씀하셨다. 그런 분위기에서 1996년 9월 어느 날 김대통령의 회신이 집에 도착했다. 심지어 편지도 아니라 작은 소포 꾸러미였다. 소포에는 자필 편지와 함께 본인의 저서 두 권이 동봉되어 있었다. 책에 붙어 있는 포스트잇에는 '언제든지 전화하세요, 김대중'이라는 메모와 함께 전화번호까지 정확히 적혀 있었다. 어머니는 내게 "너는 대체 무슨 짓을 하고 다니는 거냐?"라고 물으셨다. 나중에 궁금한 마음에 포스트잇에 적힌 번호로 전화를 걸어봤는데 누군가 전화를 받기에 그만 놀라 끊고 말았다.

처음에는 당황하신 듯한 어머니도 나중엔 작은 해프닝으로 여기셨다. 김영삼 전 대통령에게도 'YS의 이웃집 소녀'가 있었으니 마찬가지로 'DJ에게 답장을 받은 소녀'의 이야기도 알려야 하는 게 아니냐고 농담을 하셨다. 내가 창피하게 그걸 뭐 하려 알리냐며 어머니를 극구 말린 기억이 난다. 시간이 지나 잊힌 일이 됐고 내가 중학교를 졸업하던 해 그는 정말 대통령이 됐다.

훗날 민주당에서 활동하다 만난 어떤 분이 김대중 전 대통령을 가장 존경한다는 말을 하기에 우연히 내가 그와 편지를 주고받았다는 오래전 사연을 언급했다. 그분은 무척 놀란 듯한 표정으로 서태지의 팬인 학생과 편지를 교환한 일화를 들은 적이 있다고 했다. 당장 그때 받았던 편지를 찾아 소중히 보관하라고 했다. 정치적 평가는 제각각일 수 있으나 노벨평화상을 수상한 김대중이라는 인물의 역사적 사료가 될 수 있다는 말도 덧붙였다. 나는 그제야 온 집 안을 뒤져 그때 받은 편지를 찾아냈다. 그리고 편지를 2017년 김대통령의 삼남인 김홍걸 의원에게 기증했다.

# 미림여고 방송반 생활

중학교를 졸업한 뒤 나는 미림여고에 진학했다. 당시 내 장래 희망은 방송국 PD였는데 막연히 방송 분야에서 일하고 싶은 것이었지 PD가 정확히 무슨 일을 하는지는 몰랐다. 다만 팬 생활로 방송국을 자주 드나들면서 PD가 상당히 대접받는 위치의 직업으로 보였던 것 같다. 마침 진학한 학교에 방송반이 있었고 나는 이왕 방송국 PD가 될 계획에 방송반에 들어가기로 했다.

방송반 활동은 의외로 시간이 많이 빼앗기는 일이었다. 자연스레 입학할 때의 성적을 지키지 못하고 점점 떨어지기 시작했다. 1학년 때는 각 학교 방송반끼리 교류하는 모임이 많았다. 남학교 방송반들과의 교류는 마치 미팅처럼 느껴지기도 했다. 이런 만남을 좋아하는 친구들도 있었겠지만 당시 나는 남학생에게 관심이 전혀 없었다. 아마 어릴 때부터 연예인을 따라다니다 보니 또래 남학생에게는 흥미가 없었던 게 아닐까. 방송반 모임이 점점 귀찮아지고 관심도 줄어들었다.

나는 담임선생님에게 학업과 방송반에 대한 고민을 털어놓으며 방송반 활동을 그만두고 싶다고 말씀드렸다. 하지만 문제는 방송반 선배들이었다. 그만두겠다는 의사를 밝히자마자 기합을 받게 됐다. 정해진 방송반 TO가 있어 한 사람이 이탈해도 빈자리를 채울 수 없고 한 달 후에 있는 축제를 준비하느라 바쁘다는 이유였다.

방송반은 점심 방송이 있어 언제나 도시락을 함께 먹어야 하는데 탈퇴 의사를 밝힌 뒤로는 모두가 나를 본체만체 아무런 말도 걸지 않았다. 그렇게 나는 방송반을 나가지도 못한 채 매일 벌받는 느낌으로 괴로운 날들을 보내야 했다.

그래서 나는 어느 순간부터 방송반에 가지 않았다. 하지만 선배들은 사람을 보내 자꾸 나를 불러냈다. 하루는 방송반 1학년 대표가 나를 찾아와 왜 선배들의 말을 거역하느냐며 내가 아직 방송반인 이상 방송반으로 내려오라고 거세게 쏘아붙였다. 나는 이제 여기서 일을 마무리해야 했다. 나는 1학년 대표의 눈을 똑바로 바라보며 방송반에 가면 사람 취급도 하지 않는데 왜 내려가야 하느냐며, 방송반을 그만둔다고 진즉 말하지 않았냐고 강하게 되받아쳤다. 그러자 대표가 분을 이기지 못해 내 얼굴을 타격했다. 나도 무척 화가 났지만 그 찰나의 순간 반격하는 것보다 맞고 끝내는 편이 낫겠다고 판단했다. 나는 울기 시작했고 당황한 친구들이 선생님을 모셔와 상황이 중재되면서, 드디어 나는 방송반에서 완전히 탈퇴할 수 있었다.

## 미림분식 떡볶이

나는 학원에 거의 다니지 못했다. 나보다는 오빠에게 집안의 관심과 지원이 집중돼 있었기 때문이다. 불만스러웠으면 부모님에게 떼를 쓰거나 항의했겠지만 사실 나도 학원에 다니는 것이 싫었다. 하교 후 친구들이 학원으로 가면 나는 집으로 돌아와 혼자 책을 읽으며 시간을 보냈다. 중학교에 다닐 때는 그렇게 자유로운 시간을 보낼 수 있었는데 고등학교에 진학하고부터는 야간 자율학습이라는 것에 발목을 잡혔다.

학원에 다니는 친구들은 학원 수업이 있는 날에는 야간 자율학습을 빠질 수가 있었다. 학원에 다니지 않는 나로선 하루도 빠짐없이 야간 자율학습을 해야 하니 오히려 학교에 발이 묶이고 말았다. 하지만 그 덕분에 친구들과 보내는 시간이 많아졌고 돈독한 우정을 쌓아갈 수 있었다. 가끔 어둑한 운동장 계단에 앉아 '우리 십 년 후에 무엇이 될까. 이십 년 후에는 어떻게 될까. 대학은 갈 수 있을까. 어느 대학을 가게 될까. 남자친구는 생길까. 결혼은 할까' 하는 답도 주제도 없는 이야기를 도란도란 나누던 추억이 떠오른다.

임세은 식당으로 오세요

야간 자율학습이 시작하기 전 매일 학교 앞에 있는 미림분식에서 저녁을 사 먹었다. 특히 미림분식의 떡볶이를 가장 좋아했는데 얼마나 맛있는지 먹으면 먹을수록 더욱 좋아졌다. 지금도 떡볶이는 내가 최고로 좋아하는 음식이다. 스트레스를 받거나 일에 지치면 떡볶이가 가장 먼저 생각난다. 학업과 진로에 대한 고민에 둘러싸인 학생의 마음을 위로해준 유일한 힐링 푸드, 내 오랜 친구 같은 떡볶이.

## 공군사관학교 진학을 포기

나는 운동을 좋아하고 체육에 소질이 있다. 보기보다 기골이 크고 체력이 강한 편인 데다 무엇이든 지기 싫어해 끈기 있게 해내는 성격도 한몫할 것이다. 미림여고에서는 3년 내내 체력장 특급을 기록했는데 미림여고 사상 처음 있는 일이라고 했다. 심지어 체육대학교를 준비하는 친구들보다 실력이 월등했다.

그런 나는 고등학교 3학년 가을 무렵 공군사관학교에서 여생도를 모집할 때 진학을 진지하게 고민했다. 당시는 여생도가 많지 않던 시절이라 사관학교에서는 여자고등학교를 직접 찾아와 생도 모집 홍보를 하곤 했다. 제법 까다로운 신체와 체력 조건을 요구했지만 내게 결격 사항은 하나도 없었다. 담임선생님도 진학 상담을 할 때 지금 우리 학교에서 신체와 체력, 학업 조건이 맞아떨어지는 사람은 나 하나뿐이니 공사에 지원해보라고 말씀하셨다.

게다가 그 무렵 IMF 외환위기를 겪던 중 다니던 은행이 합병된 뒤 아버지가 결국 명예퇴직을 당하셨다. 당시 한국 사회의 가정에 흔히 있던 일이지만 갑작스레 집안 사정에 구름이 끼었다. 그때 학비와 기숙사, 피복비를 무료로 제공하고 장학금을 지급하는 사관학교는 유력한 진로로 떠올랐다. 졸업 후 확실한 장래까지 보장된다고 했다. 군인이 꿈은 아니었지만 현실적 장점들을 고려한 끝에 공군사관학교 진학에 마음이 기울었고 1차 전형 원서를 쓰게 됐다.

2차 전형은 체력장 시험이었다. 부모님도 "네 진로이고 결정이니 알아서 하라" 하시기에 열심히 시험을 준비하는데, 갑자기 할머니가 노발대발 결사반대를 하셨다. 할아버지의 죽음 때문이었다. 젊은 날을 다 피우지도 못하고 가족들의 곁을 영영 떠나게 한 군대에 대해 원망하는 마음이 깊으셨다. 할머니는 오빠가 입영통지서를 받고 입대할 때도 마지막까지 불안과 화를 감추지 못하시던 분이다. 그러니 제 발로 군대에 가겠다는 손녀를 막는 것은 어찌 보면 당연한 일이었다. 심지어 부모님의 처사를 질책하며 "세은이를 왜 말리지 않냐"며 대성통곡을 하셨다. 군대를 가려거든 당신이 죽고 난 뒤에 가라고까지 하시니 매우 난처하고 난감했다.

나는 결국 할머니의 완고한 고집을 이기지 못하고 공군사관학교 시험을 포기했다. 애초 사관생도가 되는 것이 꿈이었다면 집을 나가서라도 그 길로 갔겠지만 어릴 적부터 보아온 할머니의 붉은 눈시울이 자꾸만 떠올랐다. 됐다, 마음을 깨끗이 정리하고 다시 수능 공부에 돌입했다.

## 재수 생활 중에 찾아온 서태지라는 큰 위기(?)

　성보중학교 2학년 때 만나 지금까지도 가장 친한 친구로 지내는 신혜선과 오유진. 나와 혜선이는 미림여고, 유진이는 신림고에 진학하게 됐는데 미림여고에 간 우리 둘은 처참한 수능 실패로 재수의 길에 접어들었다. 재수를 결정하는 일은 참 어려웠다. 금전과 시간 문제는 물론 예측할 수 없는 결과에 승부를 걸어야 한다는 부담이 컸다. 고민 없이 "같이 재수하자"고 제안하는 혜선이를 따라 그리고 서로를 의지한 채 재수 생활을 시작했다. 먼저 대학생이 된 유진이는 가끔 재수생 두 친구를 찾아와 밥도 사고 토닥거리며 선배 역할을 톡톡히 했다.

　재수 생활에는 생각보다 재미있는 점이 많았다. 성인이 됐으니 술을 마실 수 있었고 공부하기 싫은 날 학원을 하루쯤 빠져도 문제가 없었다. 학원 수업을 마치면 남은 시간에 할 수 있는 일들이 많았다. 그래도 수능을 앞둔 입장이라 되도록 공부에 전념하며 지냈다.

　그런데 2000년 8월 큰 위기가 다가왔다. 공부에 전념해야 하는 재수생으로서 마냥 기뻐할 수만은 없는, 바로 서태지의 컴백 소식이었다. 수능이 얼마 남지 않았는데도 나는 뭔가에 홀린 듯 미국에서 돌아오는 서태지를 맞이하기 위해 김포공항에 나갔다. 입국해 공항에 들어서는 그를 보고 눈물을 흘리며 "서태지"를 연호했다. 그 순간 느끼는 바가 있었다. '아, 삼수가 나를 기다리고 있구나.' 직후 치른 모의고사의 성적은 형편없었다. 나를 믿고 응원하는 부모님과 친구들에 대한 미안함에 몸 둘 바를 몰랐다. 마음을 다잡고 다시 공부에 몰두했다.

당시 같은 서태지 팬으로서 함께 다니던 언니들이 있었는데, 모임 중 막내 격인 내가 재수 생활을 할 때 개인적으로 걱정하고 배려해준 것에 고마움을 전한다. 정말 그때 나는 서태지도 절실하고 공부도 절실했다. 급기야 공연장에 나가 줄을 선 채 문제집을 풀고 단어를 외우는 기괴한 일까지 불사했다. 절박한 상황에서 뇌가 최대치로 가동되는지 그때 공부하고 외운 것이 시험을 볼 때 오히려 또렷이 기억났다. 둘 중 무엇도 포기하기 싫어 아주 발버둥을 친 것 같다. 하지만 이런 고도의 특이한 수련으로 다져진 깡 덕분에, 지금도 어려운 상황이 닥칠 때면 절망보다 절실함을 끌어올려 역량을 보여주는 일에 구력이 생긴 게 아닌가 싶다.

# 미성회와 발닷컴 동지들

대학 생활의 대부분을 차지하는 것은 '미성회' 활동이었다. 2001년 이화여대에 입학하니 '미림여고 출신 이화여대생'과 '성보고 출신 연세대생'이 함께 하는 연합동아리가 있었다. 알고 보니 동네에서 꽤 유명한 연합동문회였다. 일원으로 참여했다가 나중에는 동문회 회장을 맡기도 했다. 선후배들에게 동문회 참석을 부탁하고 동문들과 연대를 유지하는 일이 주 역할이었다.

미성회 내에서도 00학번과 01학번의 사이가 유독 돈독했는데 우리는 모임 내에 '발닷컴'이라는 그룹을 만들어 거의 매일 함께 만났다. 그룹의 이름은 우리가 주로 만나는 장소인 신림사거리에 있는 '발닷컴'이라는 신발 가게의 이름에서 따왔다. 성보고와 미림여고 출신 친구들은 학교 수업이 끝나고 귀가하는 길에도 언제나 함께했다. 모두 지하철 2호선 이대역이나 신촌역에서 지하철을 타 신대방역이나 신림역에서 내리는 귀가길이라 놀기에 정말 최적화된 상태였다. 더욱이 미림여고 동기들은 00학번이고, 이화여대 동기들은 01학번이라 나는 두 학번 모두와 스스럼없이 지낼 수 있었다.

지금 돌아보면 '발닷컴' 동지들과 함께한 시간이 가장 행복한 시절이었다. 매일 그렇게 만나는데도 또 만나면 무슨 할 말이 그렇게 많고 즐거웠는지. 서로 매일 배가 찢어지게 웃던 기억이 가득하다. 누군가 애인이라도 생기면 흡사 국무위원 청문회 수준으로 '발닷컴' 동지들의 엄중한 검증을 통과해야 했다. 더 재미있는 점은 그렇게 붙어 지내는 우리 '발닷컴' 내부에서 어떤 애정 전선도 형성되지 않았다는 것이다. 그야말로 동지이며 가족임을 증명하는 포인트랄까.

　다들 사회에 나가고 가정을 꾸리고 각자에게 주어진 삶을 살아가느라 점점 연락이 뜸해졌지만 자주 보지 못해도 매일 곁에 있는 듯 친근하고 편안한 친구들. 그 시절 무지막지하게 적립해 둔 우리의 시간이 힘든 순간마다 얼마나 큰 힘이 되는지 몰라, 깊은 고마움을 느낀다.

## 사회에 기여할 수 있는 일이란

시간이 흘러 대학 졸업이 가까워져갔다. 모여 노느라 바빴던 저학년 때와 달리 우리는 각기 진로를 고민하고 취업 준비를 하느라 바쁜 시간을 보냈다. 나는 재수를 한 데다 중간에 1년 반 휴학하다 졸업해 다른 여자친구들에 비해 사회 진출이 늦은 상황이었다. 남자친구들도 인턴 생활을 하거나 고시 공부를 하느라 시간에 쫓겨 살았다.

나는 경제학과에 재학 중이었지만 언론계 일에 흥미를 느껴 방송기자가 되고 싶었다. 당시 기자라는 직업은 큰 인기를 끌었다. 유명 대기자들의 역량이 무척 뛰어나 보였고 '기자 정신'이라는 말에 마음이 흔들렸다. 언론사 입사를 준비하는 스터디 그룹에 들어가 취업 준비에 돌입했다.

하지만 경제학도로서의 소명 또한 포기하고 싶지 않았다. 경제학이라는 학문은 매우 어렵지만 그 나름 재미가 있었고, 경제가 우리 일상에서 가장 중요한 부분을 차지하는 이상 경제학을 놓을 수가 없었다.

전공에 연계된 자격증을 찾아보다가 '증권투자상담사', '펀드투자상담사', '파생상품투자상담사' 세 자격증에 대해 알게 됐다. 요새는 전공자라면 많이 갖고 있는 자격증이지만 당시는 대중적이지 않았다. 시험 일정을 확인하고 짠 일정에 따라 철저히 공부한 결과 겨울방학 동안 세 자격증을 모두 취득했다. 자격증 공부를 하는 과정에서 나는 경제학에 대한 애정을 확인하게 됐다. 더 나아가 경제학을 통해 할 수 있는 일이, 이 사회에 기여할 일이 무엇일지 고민했다. 진로는 막연한 의지와 흥미에 의해 결정하는 것이 아닌데, 언제나 조급했던 게 아닐까. 나는 다시 경제학도로 돌아가 전공에 전념하기로 했다.

## 청년에게 필요한 것은 기회다

2006년 우여곡절 끝에 나는 학업을 마치기 전 외국계 증권사 공채에 지원해 신입 사원으로 합격했다. 증권계는 주로 남성 중심의 채용이 이뤄지고 있었는데 그 회사는 훌륭하게도 공채 신입 사원 총 20명을 남녀 동수로 뽑았다. 외국계 회사인 것을 감안한다 해도 그 당시 매우 파격적인 인사였다. 운 좋게 시기를 잘 만나 비교적 수월하게 취직한 셈이었다.

그때와 비교했을 때 지금은 공채가 많이 사라진 상황이라 사회 초년생 청년들은 본인에게 어디에 어떤 기회가 있는지 알기 어렵게 됐다. 가끔 내가 10년 늦게 태어났다면 그때와 같은 기회를 얻을 수 있었을까 하는 생각을 한다. 아마 그러지 못했을 것이다. 적절한 때에 일을 시작할 수 있었던 덕에 오늘을 살아가고 내일을 계획하며 삶을 꾸려갈 수 있었다고 생각한다.

청년들에게는 최대한 많은 기회가 필요하다. 언제 나올지 모르는 출구를 기다리며 어둡고 긴 터널을 마냥 내달릴 수 없다. 선배 사회인으로서, 두 아이의 엄마로서 나는 그 절망스러운 상황을 파괴하고 '시대의 우울'을 희망으로 바꾸는 역할을 하고 싶다.

# 여의도 신입 증권맨

학교와 집을 오가며 지나치던 여의도, 방송국이 있는 여의도. 어린 시절부터 여의도에 대한 막연한 동경을 품고 '나중에 사회인이 되면 여의도에서 일해야지' 다짐을 했더랬다. 지금 돌아보니 그 희망 사항은 마치 운명이나 정해진 계획이 있는 것처럼 현실로 이뤄졌다. 여의도는 사회생활을 시작한 곳이자 일터가 됐고 지금은 꿈을 이루기 위한 새로운 공간이 됐다.

나는 증권사 본사가 몰려 있는 이른바 '동여의도'로 출근했다. 금융업, 특히 증권업은 단돈 1원에도 매우 민감하고 매일의 시장 지표에 따라 감정과 컨디션이 롤러코스터처럼 오르내리는 아주 예민한 직업이다. 그래서 선후배를 막론하고 모든 이가 매 순간 시장 상황에 따라 무척 감정 기복이 컸던 것으로 기억한다.

주식시장에서는 시장이 너무 침체돼도 문제고 너무 과열돼도 문제다. 가장 어려운 것이 이런 예측 불가능성인데, 우리나라 주식시장은 유독 대내외 변수가 너무나 많은 편이라 예측 불가능한 일들이 그 이상 발생한다.

2007년부터 부동산이 폭등했다. 하루 자고 일어났더니 집값이

지역에 따라 5천만 원 이상 뛰어 있는 믿지 못할 상황이 이어졌다. 당시 민주당 정부에서 일어난 일이기에 돌아보면 내게는 더욱 안타까운 지점이다.

그 당시 기억나는 에피소드가 있다. 경기 과천에 집을 갖고 있는 고객이 매도 계약을 하고 5천만 원을 계약금으로 받았다. 그런데 하루 만에 시세가 1억 원 올랐다. 집주인인 고객은 계약금의 두 배를 물어야 하는 계약 조항에도 불구하고 받은 5천만 원에 본인 돈 5천만 원을 더해 내고 매도 계약을 해지했다. 그 매도 계약 해지 금액 5천만 원을 내기 위해 본인의 증권사 자산을 처분해야 한다고 했다. 신입 사원인 나는 그 사연을 듣고 무척 충격을 받았다.

5천만 원이면 지금도 큰 금액이고 2007년에 그 정도 연봉을 받을 수 있는 사람은 상위 10퍼센트 정도에 속할 텐데 단 하루에 아파트에 그렇게 큰 돈을 쏟아부을 정도라니. 한국 경제에서 도대체 부동산이라는 가치는 어떤 의미를 가졌는지, 이른바 심각한 '현타'가 왔다.

당시에는 부동산뿐 아니라 자산시장 전체가 거세게 불타올랐다. 국내 펀드뿐 아니라 미국과 중국, 리츠, 심지어 일본의 펀드까지 매일 극상승세를 이어갔다. 고객도 증권사도 모두 함박웃음을 지었다. 하지만 일면 두려웠을 것이다. 신입 사원인 나조차 그런 상승세가 마냥 즐겁지만은 않았다. 끝이 어디인지 모른 채 마구 내달리는 폭주 기관차에 탑승한 느낌이랄까. 당시에는 매일 바뀌

임세은 식당으로 오세요

는 계좌 평가금액이 전날보다 조금이라도 오르지 않으면 고객들의 항의가 빗발칠 정도로 시장이 뜨거웠다. 중국 펀드나 리츠 펀드의 경우 수익률 100퍼센트를 기본으로 깔고 들어간다 했으니 지금 생각하면 황당하게 느껴지는 시장이었다. 하지만 역시 지나치면 탈이 나게 되는 법.

## 2009년 글로벌 금융 위기

　전 세계가 패닉 상태에 빠졌다. 수출 주도 국가인 미국이 기침하면 우리나라는 독감에 걸린다는 말이 나올 정도였으니 특히 우리 경제는 미국의 금융 위기에 속수무책으로 당할 수밖에 없었다. 1997년 외환위기에 버금가는 경제·금융 충격이었다. 모두가 알 만한 미국의 대형 금융기관들이 맥없이 픽픽 쓰러졌다. 그 여파는 우리나라 시장에 큰 타격을 주었다. 하루 자고 일어나면 금융기관 하나가 망했다는 소식, 다음 날에도 또 하나가 망했다 하는 뉴스가 연이어 터져 나왔다.

　미국에 본사를 둔 국내 지사들도 속속들이 정리에 들어갔다. 고객들의 항의 전화가 빗발쳤다. 시장 폭발이 극에 달한 시점에서 투자에 진입한 고객들은 며칠 만에 자산이 반토막 나는 상황을 맞이했고 그 원망과 분노를 회사에 쏟아냈다. 나는 매일 현장에서 밤새 미국의 시장 상황을 관찰하고 보고서를 작성해 대응 방안을 논의했다.

　금융 위기, 미국발 서브프라임 모기지 사태에서 비롯된 일이다. 돈이 마구 풀렸던 그 시기 미국에서는 부동산 활황에 경제가 뜨거웠고 빚을 내 부동산이든 투자 자산이든 무조건 투자하면 돈을 벌 수 있다는 절대적인 믿음이 횡행했다. 투자자들은 제1 금융권에서 대출을 받지 못해도 향후 이자보다 더 큰 수익을 낼 수 있다는 믿음으로 제2, 제3 금융권(서브프라임)에서 대출을 받아 '묻지마 투자'를 했다. 큰 사단이 일어났다.

자신이 빌린 돈보다 아래로 자산 가치가 떨어지니 자산을 헐값에 팔아야 할 상황이 도미노처럼 이어졌다. 돈을 빌려준 서브프라임 모기지 회사들은 줄줄이 도산하고 그 여파는 제1 금융권까지 미쳐 결국 심각한 금융 위기를 만들어냈다.

그 여파로 국내 시장 또한 충격에 빠졌다. 1997년 외환위기를 겨우 극복해 이제 막 안정 기조에 들어서고 선진국에 진입하고 있던 우리 경제에 한순간 찬물이 끼얹어졌다. 매일 현장에서 시장 상황을 체크하는 동안 실시간으로 뚝뚝 떨어지는 지수를 보며 두려웠다. 이제 막 사회에 발을 내디딘 신입인 나는 가장 뜨거운 순간에 갑자기 차갑게 식어버린 시장의 상황을 그저 목도해야 했다. 혼란스럽고 어려운 시기에 현업에 종사하며 목격한 시장경제의 잔인한 실체는 이후 내가 민생 경제를 위한 시민단체를 만들고 정치에 한 발 더 다가서는 계기가 됐다.

## 굿 타이밍, 스카우트 제의를 받다

처음 들어갔던 외국계 증권사에서 나는 펀드와 관련한 마케팅을 맡아 일했다. 요새는 펀드가 일상화됐지만 내가 활동하던 당시 일부 회사들은 주로 주식과 채권 등에만 몰입할 뿐 펀드에는 그다지 큰 관심이 없었다. 내가 다니던 회사는 한때 '바이코리아' 펀드로 펀드 시장에서 큰 각광을 받았다. 회사를 인수한 외국계 금융기관은 회사의 중요 사업으로 추진할 만큼 펀드 사업에 집중했다.

대부분 사람들은 증권사에 펀드 매니저가 있는 줄 알지만 사실 증권사에는 펀드 매니저가 없다. 물론 펀드 매니저 자격증이 있는 사람들은 많다. 증권사에는 종목을 분석하는 애널리스트가 있을 뿐 아니라 채권 애널리스트, 부동산 애널리스트, 펀드 애널리스트 등이 있다. 펀드 매니저는 자산을 운용하고 펀드 상품을 만드는 운용사에만 존재한다. 나는 운용사에서 발행하는 펀드를 분석하고 마케팅하는 역할을 했다. 그러다 보니 한국에 있는 웬만한 운용사의 펀드 매니저나 펀드 마케터는 대부분 만나게 됐다.

그러던 중 국내 굴지의 증권사에서 스카우트 오퍼가 왔다. 브

로커리지(주식 영업)에 특화된 회사였다. 여러 운용사 마케터들이 내 이야기를 많이 전했는지, 그 콧대 높기로 유명한 회사에서 이직 제의가 온 것이다.

때마침 나는 다니고 있는 회사의 상황에 큰 회의를 느끼고 있었다. 외국계 증권사이던 우리 회사가 한국 대기업 산하의 증권사에 인수 합병됐기 때문이다. 물론 그 증권사는 매우 훌륭한 기업이지만 인수 합병 과정에서 직원들의 의사가 무시되는 등 내부적으로 순탄치 않은 상황을 겪었다. 게다가 나는 회사의 노조 대의원이었기에 여러 고민이 있었고 감정도 여러모로 예민한 상태였다. 그런 상황에서 이른바 잘나가는 증권사로부터 오퍼를 받으니 더할 나위 없이 벅찬 감정이 들었다.

하지만 오퍼는 오퍼일 뿐, 업계 최고 회사답게 입사까지 가는 데 필요한 요구 조건이 너무 많았다. 특히 영어, 능숙한 프리 토킹을 요구했다. 해외 펀드 업무가 많은 까닭에 외국계 운용사와 상품에 대해 자유롭게 대화할 수 있어야 했다. 영어 인터뷰가 진행됐다. 지금이야 취학 전부터 영어를 배우고 정규 교육 과정 수준도 향상되어 회화에 능통한 청년들이 많지만 그 당시에는 매우 이례적인 일이었다.

다행히 나는 외국계 증권사에서 근무하는 동안 외국인 임원들과 소통하고 영문으로 문서를 작성하고 외국 펀드를 공부하는 등 영어를 계속 접해야만 했다. 그 덕에 큰 무리 없이 영어 인터뷰를 통과해 이직에 성공했다. 좀 더 성장한 여의도 증권맨이 되어 두 번째 직장 생활을 시작했다.

새로운 직장은 역시 최고의 증권사답게 직원들 한명 한명 모두가 우수하고 유능한 인재들이었지만 내부 분위기는 왠지 보수적이고 폐쇄적이었다. 공채 출신, 남성 위주의 카르텔이 무척 강했다. 회사 사람들이 보기에 나는 비공채, 극히 드문 이직자, 스카우트된 어린 여성이었으니 그 파동과 논란이 얼마나 컸을지는 독자의 상상에 맡기겠다.

하지만 업무에 적응하는 동안 나는 결코 주눅 들거나 침체된 모습을 보이지 않았다. 궁금한 것은 적극적으로 물어 해결하고 맡겨진 업무를 엄살 없이 완벽히 처리해냈다. 씩씩하고 당당하게, 회사 생활에 적응해갔다.

동료들은 곧 편견 없이 나를 인정하고 친절히 대해주었다. 조금 신기한 눈으로 바라보던 동료들과도 지금까지 개인적으로 친분을 유지할 만큼 가까워졌다. 실수와 잘못은 감싸고 성과는 먼저 칭찬하는 그때 동료들을 생각하면 먼저 따뜻한 마음이 든다. 새로운 환경에 놓인 미숙함에 시행착오를 겪을 때마다 부족한 나를 늘 마음 깊이 응원한 회사 동료들의 고마움을 생각하며 마음을 다잡아본다.

## 정치 시민논객 데뷔

일하던 회사 건물은 당시 여의도 MBC 빙송국 앞에 있었다. 한때 언론인을 꿈꾸던 내게 여의도라는 공간은 여러 의미에서 특별했다. 꿈을 하나씩 실현해나가는 물리적 공간이라 할까.

우연히 텔레비전 채널을 돌리다 MBC '100분 토론'을 보게 됐다. 그 당시 '100분 토론'은 자정을 넘은 시간에 방송했다. 어떤 이들의 의도인지 모르겠지만 그처럼 오랫동안 인기를 누려온 프로그램을 일반 시청자들이 보기 어려운 시간대에 방영하다니 참 신기한 일이다. 방송 말미에 시민논객을 모집한다는 공고를 보고 회사도 가까우니 신청해볼까 하는 생각이 들었다.

1차 서류, 2차와 3차 인터뷰 등 선발 과정을 뚫고 나는 무사히 선발됐다. 나중에 보니 운이 좋았던 것이었다. 보통 시민논객은 주로 언론사 취업을 준비하는 대학생을 선발하곤 했는데 마침 내가 신청한 시기에 사회활동을 하는 사람들도 선발해 운영하자는 방침이 나왔다고 한다. 이후 '100분 토론' 시민논객 모임에서 나는 회사가 방송국과 가장 가깝다는 이유로 간사로 활동하게 됐다. 간사로서 발언자와 발언 내용을 조율해야 했으니 그 역할이

막중했다.

　유독 정치 이슈가 많았던 2012년, 총선과 대선이라는 큰 선거까지 있던 때라 시민논객 모두의 역할과 발언이 민감하고 중요했다. 담당 PD와 작가는 불이익을 감수하더라도 공정하고 정의로운 프로그램을 만들어가기 위해 노력하는 분들로 기억한다. 방송을 마치면 보통 오전 1시가 넘었는데 모두 약속이나 한 듯 근처 치킨집에 몰려가 못 다한 이야기를 풀어냈다. 유쾌하지만 강렬한 대화 속에서 내 안에 담긴 생각과 가치관을 나누며 새로운 에너지를 발견하게 됐다. 우연히 시작한 '100분 토론' 논객 생활은 나 자신에 한정돼 있던 시야를 우리와 사회로 넓히게 하고, 국가의 역할과 사회 정의가 무엇인지 고민하게 하는 계기가 됐다.

## 문재인 펀드 1호

요즘 노무현이라는 이름 세 글자를 자주 떠올린다. 무능과 탐욕으로 국민을 기망하고 국정 운영의 책임을 저버린 지금의 암흑 정권하에서 더욱 생각나는 지도자. 나는 전직 대통령들과 인연이 조금씩 닿아 있는데 유일하게 노무현 대통령과는 인연이 없다. 하지만 노무현 대통령의 서거는 내 인생에 경종을 울리는 사건이 됐다.

2009년 5월 간만에 늦잠을 즐기던 토요일, 남편이 나를 흔들어 깨웠다.

"자기야, 노무현 대통령 돌아가셨대."

그야말로 꿈인지 생시인지 모르는 상태에서 거실로 뛰어나와 뉴스를 봤다. 무릎반사처럼 흘러내리는 눈물. 노무현 대통령을 만난 적도 별다른 인연도 없고, 열렬한 팬도 아니었지만 그저 아기처럼 펑펑 울었다. 그가 세상을 떴다는 슬픔에 나 자신에 대한 책망과 반성이 뒤섞인 눈물이었다. 그동안 정치·사회 이슈에 너무도 무심했던 나 자신을 원망하며 '다시는 이런 비극이 일어나면 안 된다'고 굳게 마음을 다졌다.

더 나은 국가와 사회를 만들기 위해 기여할 일을 찾아 내 방식대로 적극 참여해야겠다고 결심했다. 그 시작이 '문재인 펀드'였다.

2012년 대선은 노대통령을 사지로 몰았던 이명박 대통령을 심판하고 그의 불법 비리를 낱낱이 밝혀 심판하는 중요한 선거였다. 하지만 박근혜 여당 대표가 이명박 대통령과 각을 세우며 전선이 희미해졌다. 노대통령의 영결식에 이명박 대통령이 찾아왔다. 백원우 전 의원이 소리를 지른 반면 당시 문재인 전 비서실장은 이명박에게 고개를 숙였다. 그렇게 문재인이라는 사람이 세상에 알려지게 됐다. 노무현의 친구이자 비서실장인 문재인은 그 장면으로 일약 대권 후보로 떠올랐다.

그에 이어 발간된 문재인의 저서 <운명>은 공전의 히트를 기록했다. 아마 노무현 대통령을 지키지 못한 미안함과 무도한 정권을 심판하겠다는 국민들의 간절한 마음이 그에게 투영됐을 것이다. 나 또한 노무현 대통령에 대한 그리움과 인간 문재인에게 반하게 되어 문재인 의원의 열성적인 팬이 됐다. 경선을 앞두고 MBC '100분 토론'에서 민주당 대선 후보 세 명의 토론이 있었는데 당시 '100분 토론'의 논객 간사였던 나는 현장에서 토론을 직접 지켜봤다. 방송이 끝난 뒤 많은 패널이 문재인 후보와 사진을 찍었지만 나는 팬심을 참고 사진을 찍지 않았다.

민주당 대선 최종 후보로 선출된 문재인은 정치인 최초로 국민에게 선거 자금을 빌리는 '문재인 담쟁이 펀드'를 개설했다. 문재인 펀드의 선한 투자자, 이른바 문재인 펀드 1호를 선정하는 공고가 올라왔다. 당시 나는 배 속에 첫째 아이가 들어서 있었는데 곧 태어날 아이를 위해 반드시 문재인 후보가 대통령에 당선돼야 한다고 생각했다.

먼발치에서 문재인 후보를 지켜보기만 했던 '100분 토론' 때의 아쉬움이 남아서 그랬는지 팬심이 작동해 즉각 사연을 접수했다.

### ■ 배 속의 아이가 사람다운 세상에서 살 수 있기를 꿈꾸며

저는 어느 부모님의 딸이자 한 남자의 아내이며 한 직장의 직원이고 곧 한 아이의 엄마가 될 평범한 사람입니다. 제 배 속에는 4개월이 지난 아이가 무럭무럭 자라고 있습니다. 결혼한 지 3년 만에 생긴 소중한 아기입니다.

감사히 생긴 아이이기에 저도 무엇인가 사회에 작은 촛불 하나 켜고 싶은 마음에, 아이가 태어날 때까지 하루에 1천 원씩 모아 아이가 태어나면 좀 더 따뜻한 세상을 위해 작은 기부를 하려고 준비하고 있었습니다.

하루에 1천 원, 별것 아닌 액수이지만 건강하게 아기가 태어나기를 기도하며 또 지금보다 밝고 건강한 사회가 되기를 기도하며 매일매일 모았습니다. 그러던 중에 문재인 펀드를 모집하는 걸 보고 제가 모은 액수가 가장 큰 힘을 발휘할 수 있는 방법이라고 생각했습니다.

이제 아이가 생긴 지 120일이 좀 안됐습니다. (2012년) 12월 19일 선거 날까지 1천 원씩 모으면 17만 원가량이 되더라고요.

그래서 12월 19일치까지 미리 아이와 사회를 위해 모은다고 생각하기로 하고 문재인 펀드에 제 아이와 사회에 대한 기원을 묻어두기로 했습니다. 17이라는 숫자가 좀 어설퍼서 20만 원, 너무 미미한 액수이지만 보냅니다.

내 사연이 문재인 후보의 공식 홈페이지에 공개됐고 나는 '1호 참여자'로 행사에 참석하게 됐다. 당시 1호 참여자는 총 다섯 명이었는데 문재인 후보에게 투자하겠다는 기초생활수급자 어르신과 다둥이 아빠 등 각기 특별한 사연을 가진 이들이 1호 참여자로 선정됐다. 나는 아마 젊은 직장인이자 예비 워킹맘이라는 이유로 선정된 것 같다.

문재인 후보가 유력했던 만큼 그날 행사를 취재하려 많은 언론이 찾았다. 행사 중간에 나와 문재인 후보가 함께 셀카를 찍었는데 그 장면이 다음 날 신문에 크게 실렸다.

내가 다니던 회사의 그룹 회장은 그 당시 이명박 정부의 핵심 관계자였다. 그런데 회사 직원인 내가 민주당 대선 후보의 펀드 1호 참여자인 것에 더해 후보와 함께 찍은 사진까지 여러 신문에 보도되니 회사 측은 당황한 기색이 역력했다. 나는 "그렇게 정치색을 드러내면 어떻게 하느냐"는 경고 아닌 경고를 받게 됐다.

물론 일면 회사의 입장도 이해는 갔다. 하지만 나는 "투표는 국민의 권리이자 의무이고, 내 정치적 성향이 무엇이든 그걸 드러내는 것이 잘못은 아니라고 생각한다. 누구나 자신의 성향에 따라 투표하는 것 아니냐"고 말하며 반기를 들었다. 놀란 나머지 황당하다는 표정을 짓던 상사의 모습이 아직도 선명하다. 오기가 발동한 나는 그 사건 이후 더욱 사회문제에 관심을 갖고 정당 활동도 해봐야겠다고 다짐했다.

개표 결과를 초조하게 지켜보며 문재인 정권이 탄생하기를 기도하고 또 기도했다. 하지만 2012년 대선은 박근혜 후보의 승리로 끝났다. 믿기지도 않고 믿고 싶지도 않은 결과였다. 끊임없이 눈물이 터져 나왔다. 남편은 임신부인 내가 행여 잘못될까 봐 병원에 가려고 대기하고 있을 정도였다.

다음 날 점심시간에 무작정 회사 근처에 있는 문재인 후보 시민캠프에 갔다. 마음이 울적해 꼭 그렇게 하고 싶었다. 마침 해단식이 있고 후보도 와 있었다. 후보는 내가 캠프에서 일하는 자원봉사자라고 생각했는지 고생 많았다고 마지막 인사를 건넸다. 이명박 정부를 강하게 심판하겠다고 뛰어든 나의 꿈은 그렇게 물거품으로 돌아갔다.

## 첫 아이 은우와의 만남

　박근혜 정부가 출범할 무렵 나도 출산이 임박했다. 나는 출산 예정일이 임박할 때까지 회사에 나갔다. 주위 동료들은 그러다 회사에서 애를 낳는 것 아니냐며 어서 출산휴가에 들어가라고 했지만 나는 최대한 미뤘다. 맡은 업무가 무척 바쁠 뿐 아니라 여러 일이 밀려 있었고 출산휴가를 최대한 늦게 신청해야 하루라도 더 아이를 돌보다 복귀할 수 있었기 때문이다.

　매일 새벽 5시 30분에 일어나 출근하다 갑자기 휴가가 생기니 처음엔 도통 적응이 되지 않았다. 출근 시간이면 저절로 눈이 떠지고 종일 혼자 집에서 가만히 쉬기만 해야 하는 게 너무나 힘들었다. 운동 삼아 근처 공원에 나가 산책을 해도 매일 시간은 더디게만 갔다. 지금이야 혼자 있고 싶은 시간을 갈구할 때가 있지만 그 당시에는 갑자기 주어진 며칠의 휴가가 텅 빈 시간처럼 느껴졌다.

　그렇게 며칠을 보내던 중 상황이 급박해 산통이 찾아왔고 나는 혼자 병원에 가게 했다. 남편의 근무지가 경기 화성이라 급히 연락해도 당장 도착하기에는 물리적 한계가 있었다. 당시 부모님은 내가 출산으로 고통스러워하는 모습을 절대 못 본다며 혹시 아이를 낳게 되더라도 태어난 뒤에 연락하라고 말씀하셨기에 남편밖에 부를 사람이 없었다. 혼자 택시를 타고 병원에 와 입원 수속을 마치고 병실까지 고르고 있으니 간호사가 다가와 "보호자는 없으신가요?"라고 묻던 기억이 난다.

출산이 거의 임박해서야 도착한 남편은 내가 혼자 병원에 와 모든 절차를 끝낸 것을 보고 "역시 임세은은 혼자서 뭐든 잘한다"고 순진한 소리를 했다가 철퇴를 맞기도 했다. 그리고 내가 산고를 참으며 무통 주사 맞기를 기다리고 있는 동안에 국가대표 축구 경기를 보는 뻔뻔한(?) 짓을 했다가 지금까지도 두고두고 나한테 욕을 먹고 있다. 그래서 출산 때 남편이 잘해야 한다는 게 이렇게 평생 욕을 먹기 때문이다. 물론 남편은 그때의 잘못을 반성하며 지금은 누구보다 나와 아이들에게 헌신적이다.

이런 에피소드 끝에 은우가 이 세상에 왔다. 보통 아이를 품에 안겨주면 산모들은 눈물을 흘린다는데 나는 너무 쪼글쪼글한 아이를 보고 큰 웃음을 터뜨리고 말았다. 그리고 입원실로 내려가자마자 찬 음료 포카리 스웨트를 단숨에 들이켰다가 간호사 선생님에게 무척 혼났던 기억이 난다. 그야말로 말괄량이 산모라고 생각했을 것이다.

아들 은우의 이름은 나와 남편이 함께 지었는데 사실 내 사심이 담긴 이름이다. 아들과 평생 친구 같은 엄마가 되고 싶어서 이름에 '세은이 친구'라는 숨은 의미를 담았다. 매우 유치하지만 친구들과 얘기하는 동안 은우의 이름에 담긴 의미를 말했더니 "나중에 네 며느리가 그 뜻을 알면 뒤로 넘어갈걸"이라는 대답을 들었다. 그 후 얼마간은 은우 이름의 숨은 뜻을 남에게 말하지 못했던 것 같다.

은우는 태어난 뒤 아토피 전조 증상인 태열이 있었다. 갓난애가 가려움을 못 이겨 그 작은 손으로 몸을 긁으며 고통스러워하는 모습을 보고 있자니 가슴이 무너지는 듯했다. 반드시 낫게 하고 싶었다. 임신 기간에 밀가루 등 먹지 말라는 음식을 다 먹은 나 자신을 탓하며 아토피에 관한 공부를 닥치는 대로 시작했다. 아토피 관련 커뮤니티에 가입해 여러 정보를 얻고 외국 논문까지 뒤져가며 연구했다. 은우는 대두 알레르기가 있어 대두와 관련한 그 어떤 음식도 섭취하지 말아야 했고 피부에 닿아서도 안 됐다. 모유 이외에는 특수 분유만 먹을 수 있었다.

석 달 출산휴가를 마치고 회사로 복귀하겠다는 본래 계획은 저만치 멀어졌다. 은우를 돌보기 위해 육아휴직에 돌입해야 했다. 육아휴직을 쓴다고 하면 다들 회사를 그만두는 것을 수순으로 여기던 시기였다. 하지만 내가 담당한 업무가 특수하고 이를 경력으로 이직까지 한 상황이라 회사를 그만둘 일은 결코 없었다. 돌아보면 불과 십 년 전만 해도 출산과 육아에 대한 직장 여성의 부담이 상당했고 결국 경력 단절로 이어지는 것이 대다수였다. 그래도 지금은 출산과 육아를 장려하기 위한 제도와 인식 개선은 물론, 그 필요성을 공감하는 사회 분위기가 형성되고 있다. 아직은 더디지만 사회는 조금씩 나아져가고 있다.

## 시민공천관리위원으로

문재인 펀드 1호 가입자가 된 뒤에도 민주당과의 인연은 계속됐다. 나는 당시 당원이 아니었는데 육아휴직 중이던 어느 날 문재인 시민캠프에서 만난 분에게서 전화가 왔다. 18대 대선 다음 날 문재인 시민캠프에 찾아가 울고 있던 내게 따뜻한 차를 내어주던 분이다. 아이를 낳으면 소식을 알려달라고 해서 연락하니 문재인 의원실을 통해 축하 카드를 보내준 고마운 분이다. 안부를 물으시며 민주당 서울시당 홈페이지에 들어가 공고를 확인해보라고 했다. 무슨 일인가 해서 홈페이지를 살펴봤더니 2014년 지방선거의 시민공천관리위원을 모집한다는 공모였다.

단 조건은 당원이 아니어야 했다. 언젠가 정당 활동에 참여해야겠다고 막연히 생각하던 나는 기왕이면 호의를 느끼고 있던 민주당에서 활동해보고 싶어 무턱대고 공모에 도전했다. 그때는 공천관리위원이 하는 일의 무게와 엄중함을 정확히 알지 못했다.

공천관리위원은 서울시의 모든 구청장, 시의원, 구의원들을 심사하는 자격을 가진 자리였다. 그렇기에 선발 절차가 매우 까다로웠다. 1차는 서류 심사, 2차는 정치와 관련한 현장 논술 시험.

3차는 면접시험으로 아홉 명 정도 되는 심사위원의 질문에 혼자 답해야 했다. 이렇게 까다로운 절차가 기다리고 있을 줄은 상상도 하지 못했다.

1차 서류 심사는 통과하고 2차 논술 시험을 보기 위해 서울시당 당사에 갔다. 당시 민주당 중앙당사는 영등포 청과물 시장 근처에 있었고 서울시당은 중앙당사 건물에 들어와 있었다. 쭈뼛쭈뼛 주변을 두리번거리며 당사에 들어가 시험장으로 안내를 받았다. 회의실로 보이는 넓은 시험장에는 마흔 명 정도 되는 인원이 각자 책상에 앉아 있었다. 시험 시간이 시작되자 배부된 시험 주제를 확인하고 바쁘게 글을 써 내려갔다.

증권맨 생활을 해오면서 펀드에 관한 전략과 분석 등 매일 보고서를 작성하고 칼럼을 쓰는 것이 일이기는 했지만 정치에 관한 내용을 글로 써본 것은 그때가 처음이었다. 그나마 다행인 것이 '100분 토론' 시민논객 활동을 할 때 여러 정치·사회 이슈를 접하고 직접 토론에 참여해 질문하기 위해 공부해둔 내용이 2차 시험에 큰 도움이 됐다. 그동안 생각해오던 이런저런 내용을 차분히 적었다.

그리고 내가 쓴 글을 토대로 3차 면접이 진행됐다. 면접장에 들어섰을 때 면접위원들의 날카로운 눈빛을 느낄 수 있었다. 희한하게 나는 중요한 면접이 있을 때 오히려 긴장이 사라진다. 입사 면접과 이직 면접이 그랬다. 결정의 가부를 앞둔 일에는 떨릴 만도 한데 그럴수록 마음이 차분해지고 긴장이 줄어든다. 물론 당시의 내게 서울시 공천관리위원이 되고 안 되고는 인생을 가를 정도의 일이 아니었지만 열 명의 면접위원이 눈앞에 있다는 것 자체가 심리적 압박으로 작용했다. 하지만 그 순간 '이렇게 된 이상 민주당이 바뀌어야 할 부분을 모두 다 말해야겠다'는 생각이 들었다.

그때 당시는 몰랐는데 면접위원 대부분이 현역 국회의원이었다는 걸 나중에야 차차 알게 됐다. 너무도 당돌하게 당에 바라는 개선점과 비판을 가감 없이 줄줄 이야기하던 내 모습을 신선하게 봐주었는지 곧 최종 선발이 됐다는 통보를 받았다. 나를 포함한 세 명이 시민공천관리위원으로 선발됐고 이후 상견례를 통해 2014년 민주당 서울시당 공천심사위원이 결성됐다.

그런데 갑자기 민주당은 안철수 전 교수가 만든 당과 합당하게 됐다. 당시 민주당 대표는 김한길 전 의원이었는데 합당에 따라 모든 지분을 정확히 반반씩 나눠야 하는 상황이었다. 심지어 중앙당 당직자의 비율까지도 절반씩 나누었으니 다른 지분은 더 말할 필요도 없었다. 이미 결성된 서울시당 공천심사위원단도 예외가 아니었다.

새정치민주연합이 출범하면서 일대 혼란이 벌어졌다. 총선에서 거의 전부라 해도 과언이 아닐 만큼 공천은 매우 중요한 이슈였기에, 안철수 대표 측에서는 공천심사위원 인원의 절반을 본인의 사람으로 채워야 한다고 주장했다. 결국 어렵사리 선발된 시민공천심사위원은 무산이 됐다.

그런데 공천심사위원단을 운영하기 위해서는 내부 투표로 결정할 일들이 있으므로 위원을 홀수로 구성해야 한다. 결국 진영별로 공천심사위원 인원의 지분을 절반씩 나눈 뒤 어느 쪽에도 속하지 않은 한 명이 더 필요했다. 기존 세 명의 시민공천관리위원 중에서 그 한 명을 선발하기로 했고, 운명이 이끌었는지, 아니면 운이 좋았는지 나는 최종적으로 그리고 다시금 시민공천관리위원으로 선발됐다. 꽤 어렵던 시기에 우여곡절을 겪으며 정당 활동을 시작한 나는 민주당과 정치권에 천천히 스며들어갔다.

나는 2014년 지방선거 이후 정식으로 민주당에 입당했다. 그리고 전국 여성위원회 부위원장, 청년위원회 운영위원을 지내며 계속해 당과 우정을 쌓아나갔다.

## 따뜻한 '자본'을 발견하다

육아휴직이 끝나는 내로 증권사로 복귀했다. 장을 마치고 잠시 쉬는 시간에 카페에서 커피 한 잔을 마시던 중이었다. 자리 근처에는 국민 정서상 보통 직장인들보다 매우 높고 안정적인 수입을 가진 금융계 사람들이 있었다. 이들은 본인들의 연봉이 누가 높고 낮다, 부럽고 억울하다 등의 이야기를 하고 있었다. 나도 한때 그런 생각을 한 적이 있으니 들리는 이야기에 크게 신경을 쓰지 않았다.

그런데 그때 창가에 앉아 있던 나의 눈에 헌 박스가 가득 실린 무거운 리어카를 끌고 거리를 지나는 한 어르신이 보였다. '저걸 다 팔아봐야 내가 마시고 있는 커피 값이나 나올까?' 착잡한 생각이 들었다.

직업인인 나야 대략 이렇게 살겠지만 함께 더불어 살려면 무엇을 해야 할까. 각박한 사회에 도움이 되는, 꼭 필요한 역할이 무엇일까. 마치 사춘기의 열병을 다시 앓듯 우리 삶과 사회에 대한 근본적인 물음과 고민을 시작했다. 그리고 나는 경제정의실천시민연합(경실련)을 찾게 됐다.

경실련은 무척 합리적이며 경제 이슈에 능통한 시민단체였다. 나는 경실련 산하 경제정의연구소에서 기업평가위원회 위원으로 참여하게 됐다. 내 전문 분야를 살려 사회에 기여할 수 있다는 사실에 보람을 느끼고 일면 안심하며 열심히 활동했다.

기업평가위원회는 매년 기업들의 사회 기여도를 정량·정성 평가하는 위원회다. 기업의 범위는 대기업부터 중소기업, 사회적 기업까지 넓게 포괄한다. 나는 기업평가위원회에 비상근으로 참여하며 경제 실무적 식견과 현직의 현장 정보를 토대로 활동했다. 기업평가위원회 내에서 여성은 내가 유일했고 나이도 가장 적었다. 하지만 유일하게 현업에 종사하며 겸직하는 위원이었다.

매년 가장 큰 행사인 '좋은기업상'과 '좋은사회적기업상' 등을 선정하기 위해 기업을 검증하고 수상을 결정하는 일을 하며 우리 사회에 내가 모르던 아름다운 자본이 존재함을 알게 됐다. 증권맨으로 살아오는 동안 마주한 차갑고 극단적인 자본과 크게 교차하며 다가온 따뜻한 자본의 모습.

## 시민단체 활동에서 찾은 열정과 보람

회사에 알리지 않았지만 나는 경실련의 이런저런 일을 하기 위해 개인 휴가를 낼 정도로 열성을 다했다. 본격적으로 경제민주화를 실현하고 사회경제적 약자와의 격차를 좁히려면 어떻게 해야 할지 고민을 시작했다. 경실련은 내 전공과 경력을 토대로 사회에 기여할 길을 열고 그 역할을 정치적으로 확대하는 결정을 내리는 데 큰 자양분이 됐다. 또 다양한 시민들의 생각과 의견을 하나로 모아 '사회적 정의, 경제적 정의'로 응축하는 과정을 지켜보며 '정의는 반드시 실현돼야 한다'는 각오를 하게 됐다.

시민단체의 상황은 매우 열악하다. 나는 직장인인 데다가 비상근으로 활동했기 때문에 당연히 금전적인 대우를 받지 않았다. 하지만 그 당시 시민단체에서 상근으로 일하는 분들은 각자 생계가 급한데도 자발적으로 활동하며 개인의 시간과 열정을 쏟아 헌신하는 경우가 대부분이었다.

시민단체끼리는 서로의 어려운 현실을 이해하므로 이따금 함께 모여 어려움을 토로하기도 했지만 그보다는 주로 앞으로 나아갈 방향을 고민하며 행동을 모색했다. 나 또한 다른 시민단체와의 만남에 함께했고 그중 특히 참여연대와 유기적으로 교류했다.
그때 안진걸 소장을 만났다.

## 안진걸 소장, 고 이용마 기자와의 추억

　당시 참여연대 사무처장이던 안진걸 소장과는 처음 만나서부터 이른바 죽이 잘 맞았다. 처음 만남은 참여연대 앞에 있는 돼지갈비집, 청년 활동가 모임의 저녁 식사 자리였다. 안소장은 대기업 증권사에 다니는 잘나가는 증권맨이 시민사회 활동을 열심히 하는 모습이 신기한 듯했다.

　1인 1표의 정치적 민주화를 이뤄냈지만 아직도 가진 사람이 더 갖는 사회, 부족하게 태어나면 가난을 극복하기 어려운 사회경제 환경, 한번 실패해 넘어지면 다시 일어나기 힘든 세상, 타고난 조건에 따라 주어지는 도전의 기회, 성공과 실패가 개인의 평생을 규정짓는 가혹한 현실 등에 대해 고민하고 개선하려는 바가 같았다. 비슷한 생각을 하는 사람들을 많이 만났지만 유독 안소장과 생각이 촘촘히 일치했다. 우리는 지금의 대한민국 현실을 어떻게 바꾸자는 식의 생산적인 토론을 꽤 오랫동안 이어갔다. 그렇게 나와 안소장은 의기투합했다.

　어느 날은 안진걸 소장과 고 이용마 기자를 만나 술자리를 가졌다. 그 당시 이용마 기자는 작금의 시대를 날카롭게 바라보며 정치인들에게 크게 실망하고 있었다. 특히 내가 지지하는 민주당과 문재인 의원에 대해서도 아쉬움을 토로했다. 늦은 시간까지 정치 현안과 사회문제를 토론했다. 나는 이기자의 생각에 때론 반박하고 때론 공감하며 열띤 대화를 나눴다.

이후 두세 번 비슷한 만남이 있었는데 내가 기억하는 이용마 기자는 사람과 소주, 토론을 좋아하는 매우 인간적이고 박식한 사람이었다. 세상에 대한 울분이 깊지만 언젠가는 세상은 바뀔 것이고 반 보씩 점점 나아가고 있다고 믿었다. 우리는 그런 생각을 공유했다. 그날 택시에 타 손을 흔들며 잘 가라고 말하던 그 모습이 마지막일 줄이야. 몸이 많이 편찮다는 이야기를 전해 들은 뒤 뉴스에 나오는 그의 수척한 모습을 보고 나니 차마 연락하기가 어려웠다. 그렇게, 이용마 기자는 내 기억 한쪽에 머물러 있다.

## '촛불 의기투합'

안진걸 소장과 나는 경제민주화에 관한 책을 집필하기로 했다. 안진걸 소장도 참여연대 사무처장으로 활동하고 나도 일과 육아를 병행하는 워킹맘으로 서로 바쁠 때였지만 틈틈이 만나 책을 어떻게 집필할지 계획을 세워나갔다.

그러던 2016년 박근혜 정권의 몰락이 찾아오고 있었다. 최순실(최서원)의 국정 농단 의혹이 눈덩이처럼 불어나는 상황에서 박근혜 정권에 대해 부정적 시선을 갖고 있던 시민들이 불처럼 분노했다. 나와 안진걸 소장은 시민들이 분노의 시동을 걸고 있을 때부터 광화문 촛불 집회에 참석했다. 당시 회사가 여의도에서 광교로 이전한 덕분에 매일매일 촛불 집회에 참석할 수 있었다. 당시 안진걸 소장은 '퇴진행동' 대변인으로 활동했다. 자연히 우리의 책 집필 계획은 물 건너간 일이 됐다.

나도 들불처럼 일어나는 민심의 파도에 함께 몸을 싣고 국정 농단에 분노하며 매일 촛불을 들었다. 인원이 천 명, 만 명, 십만 명이 되자 여론이 움직였고 급기야 백만 명의 인파가 전국 각지에서 모여들어 촛불로 분노를 표현했다. 언론에서 드론을 띄우며 백만 인파의 분노를 전국에 생중계했다.

순식간에 불타오르는 국민의 분노를 현장에서 지켜보는 동안 진정 민심의 무서움을 느꼈다. 수많은 시민들이 찾는 통에 광화문 근처에 있는 식당은 매일 만원이었고 화장실 한번 가기조차 쉽지 않았다. 그나마 다행인 것은 당시 서울시장이던 고 박원순 시장이 촛불 시민의 편의를 위해 교통과 위생 시설, 쉼터를 적극적으로 지원한 점이다. 만약 지금 그때와 같은 상황이 온다면 서울시에서 촛불 시민을 어떻게 관리하고 취급할지 문득 궁금한 생각이 든다.

그렇게 모두 한마음이 되어 밝힌 촛불은 전국으로 번져 나갔다. 시민들의 움직임을 지켜보던 정치권도 서서히 움직이기 시작했다. 먼저 앞장서야 할 일에 정치권은 먼저 침묵한다. 꼭, 시민이 움직여야 겨우, 정치권이 움직이는 모습. 예전이나 지금이나 그 점은 달라지지 않았다. 시민은 늘 옳다.

# 대통령 탄핵과 벚꽃 선거

백만 시민들의 분노에 놀랐을 때 내게도 놀라운 일이 일어났다. 전혀 계획에 없던 둘째 아이가 생긴 것이다. 기쁜 일이었지만 한편으론 아이를 출산하면 계획한 인생의 여러 시간표가 꼬이게 된다는 생각에 머릿속이 복잡해졌다. 물론 지금 생각해보면 인생의 계획표 같은 것은 부질없는 일이었다. 결국 다 운명처럼 흘러가지 않나.

촛불 집회 이후 박근혜 대통령 탄핵이 일어났다. 당시 나는 촛불 집회 전부터 개인적 인연으로 문재인 후보의 일정 기획을 간간히 돕고 있었다. 박근혜 대통령이 탄핵될지 전혀 예측하지 못한 시기였기에 남는 시간에 아이디어를 내놓는 수준이었다. 그런데 갑자기 대선의 시간표가 빠르게 돌아가기 시작했다.

민주당 내에서는 여러 인물이 대선 후보 경선을 위해 서둘러 캠프를 꾸려나가는 중이었다. 나는 둘째를 임신 중인 데다 직장을 다니고 있는 사정상 캠프에 어떻게 합류해야 할지 우왕좌왕했다. 게다가 임신소양증으로 피부 염증과 가려움이 심각해 애를 먹고 있었다. 약을 먹을 수가 없어 정기적으로 병원에 방문해 광선 치료 등 관리를 받아야 했기에 이른 출산휴가에 들어갔다. 아이러니하게도 그렇게 생긴 시간에 간접적으로나마 대통령 선거에 참여할 수 있었다.

2017년 대선은 박근혜 대통령 탄핵이 만든 보궐선거 대선이었기에 양당 모두 매우 긴급한 상황이 벌어졌다. 선거의 시간이 예고 없이 휙 다가온 느낌이랄까. 그 때문에 경선 기간도 짧았고 시간과 돈이 많이 절약된 선거였다. 그리고 이전 대선 기간과 달리 5월에 선거를 치러 '벚꽃 선거'라는 말이 붙을 만큼 화창한 날들을 보냈다.

그렇게 촛불은 정권 교체를 이뤄냈다. 국민의 힘이 없었다면 불가능한 일이었을 것이다. 국민의 분노가 결국 살아 있는 최고 권력인 대통령을 권좌에서 끌어내리고 급기야 민심을 구현할 정권을 탄생시켰다.

우리 집에선 둘째 아이가 태어났다. 이름은 선우. 첫째 은우처럼 남편의 이름을 넣어 지은 이름이다. 세상에서 가장 귀엽고 이쁜 우리 딸이 품에 안기니 세상을 다 얻은 기분이었다. 우리 부부에게 와준 세상에서 가장 소중하고 사랑하는 친구 은우와 선우. 앞으로 아이들이 살아갈 더 나은 세상을 꿈꾸는 동안 운명 같은 일들이 다가오고 있었다.

## 단 1도만 올라도 100도의 펄펄 끓는 물이다

국민은 정말 위대하다. 그렇기에 권력자는 늘 국민에게 겸손하고 국민을 두려워해야 한다. 나와 반대되는 국민을 '전체 공산주의' 세력으로 칭하고 '지지율 1퍼센트가 되더라도 하고 싶은 일을 하겠다'는 어리석은 소리를 하며, 국민의 목소리와 반대되는 말과 행동을 계속한다면 그 불행은 결국 권력자 본인에게 가게 되어 있다. 국민을 이길 수 있는 권력은 없다. 자꾸 국민을 이겨먹으려 한다면 그 정치의 말로는 불행으로 귀결된다.

윤석열 정권이 계속 국민의 생각과 반대되는 일을 거침없이 하고 있는데 국민은 언제든지 촛불을 넘어 횃불을 들 수 있다. 지금 꾸역꾸역 참아내는 국민들의 침묵을 묵과한다면 그 정권은 불행의 길을 질주하는 것이다. 물은 99도까지 끓지 않는다. 100도가 돼야 끓는다. 끓지 않은 물의 온도를 함부로 가늠하고 있다면 곧 펄펄 끓어오른 물이 자신을 덮칠 것이고 후회해도 이미 회복할 수 없는 상태가 될 것이다. 어리석은 정권은 아직도 끓어오르기 직전의 민심을 깨닫고 있지 못하고 있다. 불행한 일이 아닐 수 없다.

왼쪽 위에서부터 시계방향으로
문창초, 성보중, 미림여고 재학 시절.

이화여대 재학 당시와 졸업식 모습.

증권사에서 근무할 당시. 자본시장의 최전선인 증권가에서 일하면서 가진 자들이
부를 더 늘려가는 불평등한 사회에 안타까움을 느끼며 정치에 관심을 갖게 됐다.

1996. 9. 30

친애하는 안세은 양

답장이늦어서 미안합니다.

추석은 잘 지냈는지요.

서태지와 아이들 문제에대해서 내가 로시한 조그

마한 관심에대해서 지나친 격려의말씀 매우 감사

합니다. 나는 서태지와 아이들이 우리나라의 대중예술에

기여하고 여러분 청소년들에게 기쁨과 활기를 준 공이

아주크다고생각합니다. 그리고 무엇 보다도 그들의 애국심

과 동포애 그리고 사회 비판의 정신은 우리들기성세대로

하여금 신세대에 대한 신뢰감을 크게 해주고있다고 믿

습니다. 건전하게 자라나는 젊은이데들 받는 기쁨이 얼

마나 크다는것을 입양을 이해 하려고 못할지 못느겠습니다.

입양의 편지는 정말 솔직하고 진실된것이어서 나를 감동

시켰습니다.

항상건강하고 건실하게 자라서 훌륭한사회인이되기 바

랍니다.

김 대 중

Kyongju Hilton , Korea.
370, Sinpyung-dong, Kyongju City, Kyungsangbuk-do, Korea 780-290
P.O. Box 38 Kyongju, Korea. Telephone: (0561) 745-7788

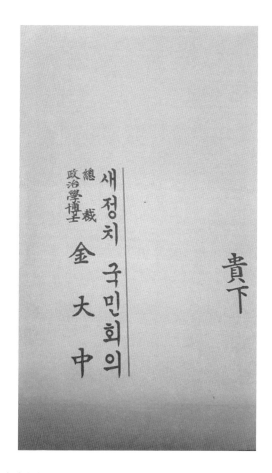

성보중을 다닐 때 김대중 대통령과 주고받은 편지:

"MR.D.J.KIM 1996.9.30. 친애하는 임세은 양, 답장이 늦어서 미안합니다. 추석은 잘 지냈는지요. 서태지와 아이들 문제에 대해 내가 표시한 조그마한 관심에 대해서 지나친 격려의 말씀 매우 감사합니다. 나는 서태지와 아이들이 우리나라의 대중예술에 기여하고 여러분 청소년들에게 기쁨과 활기를 준 공이 아주 크다고 생각합니다. 그리고 무엇보다도 그들의 애국심과 통일 의지 그리고 사회 비판의 정신은 우리들 기성세대로 하여금 신세대에 대한 신뢰감을 크게 해주고 있다고 믿습니다. 건전하게 자라나는 젊은 세대를 보는 기쁨이 얼마나 크다는 것을 임양은 이해하지 못할지 모르겠습니다. 임양의 편지는 진짜 솔직하고 진실된 것이어서 나를 감동시켰습니다. 항상 건강하고 건실하게 자라서 훌륭한 사회인이 되기 바랍니다. 김대중."

추석을 맞아 서울현충원에 있는 할아버지와 할머니의 묘소를 찾아뵈었습니다. 6·25전쟁 참전유공자인 할아버지는 유해를 찾지 못해 비석만 있어요. 할머니도 그곳에 가 계십니다. 할머니가 살아 계셨다면 이런저런 말씀 많이 해주셨을 텐데, 그립습니다. 그래도 기운을 얻고 왔습니다. 돌아오는 길에 가까운 곳에 있는 김대중 대통령과 이희호 여사의 묘소도 찾아 인사했습니다.

2012년 10월 민주통합당 문재인 후보 측은 대통령 선거 자금을 확보하기 위해 국민 참여 펀드인 '문재인 담쟁이 펀드'를 출시했습니다. 나는 당시 펀드 1호로 선정되어 행사에 참석했습니다. 벌써 10년 넘는 세월이 흘렀습니다. 당시 열성 지지자였던 나는 이후 참모로 일하는 영광의 시간을 가졌습니다. 그 시간을 돌아보면 아쉽고 그리운 마음이 듭니다.

# 귀기울이다 2

청와대, 여의도

## 시작을 위한 결심, 굿바이 증권맨

직장인으로 시민단체와 당 활동을 병행하는 동안 물리적 부담과 제약이 많았다. 언제부터인가 마음은 강하게 움직이고 있었다. '마음 가는 대로 움직인다'가 인생의 모토. 회사를 그만두기로 결심했다. 가족들에게 미안했지만 내 결정을 함께 상의하고 고민하면 마음이 흔들릴 것 같았다. 그래서 일단 사직서를 제출했다. 작은 결정이 더 힘들지 이런 큰 결정을 하는 것은 별로 어렵지 않았다. 담담한 마음으로 퇴사를 했다. 마음이 아주 홀가분했다. 앞으로 펼쳐질 제2의 인생이 기대되기도 했다.

하지만 현실적으로 무모한 선택일 수 있었다. 경제적 문제도 맞물려 있었다. 직장 생활을 꾸준히 해왔고 능력을 인정받아 나이에 비해 높은 수준의 연봉을 받고 있었기에 갑자기 수입이 끊기는 것에 대비해 가정경제를 다시 기획해야 했다. 다행히 가족들은 내 결정을 이해해주었다. 무엇이든 내가 하는 일을 응원하기로 했다. 나도 경제적 형편을 고려해 살림살이를 더 알뜰하게 하기로 했다.

그래도 10년 넘게 증권맨 생활을 하며 펀드나 예금으로 차곡 차곡 적립한 재산이 있어 당장에 경제적으로 힘든 고비에 몰리지는 않았다. 그렇게 나는 증권맨으로 열심히 살아온 커리어를 마무리하고 금융인으로서 마침표를 찍었다.

어두운 새벽에 출근해 어두운 밤 달을 보며 퇴근했던 삶, 치열한 자본시장 한복판에서 매일 경쟁에 치이던 생활, 업무가 끝나도 공부를 해야 생존할 수 있었던 혹독했던 시절. 하지만 인생에서 가장 중요한 경력을 만들고 '훌륭한 사회인'으로 성장한 시절. 섭섭하고 고마운 마음이 드는 한편 후련함도 찾아왔다. 가장 아름답고 활달하던 20대 중반부터 30대까지 전부를 바쳐 일한 곳. 인생에서 가장 중요한 이벤트인 결혼과 두 아이의 출산을 함께한 곳. 무엇보다 수많은 훌륭한 동료와 선후배 덕에 발전할 수 있었다. 어쩌면 회사는 어디서나 나를 든든하게 비추는 후광이었다. 회사를 정리하고 나오는 길에 여러 추억과 감정에 겨워 코끝이 시큰했다.

## 민생경제연구소 출범

2018년 안진걸 소장과 나는 민생경제연구소라는 신생 시민단체를 설립했다. 나는 증권맨 생활을 완전히 정리하고 안진걸 소장은 참여연대 생활을 정리했다. 우리는 의기투합해 더욱 기민하고 역동적인 활동을 펼칠, 그 누구의 눈치도 보지 않는 시민단체를 결성하자고 결의했다.

이름부터 무엇으로 지을지 고민했다. 여러 아이디어가 나왔다. 그때 내 머리를 스친 것이 '민생'이라는 단어였다. '민생'은 정치권에서 주로 사용되는 용어이기는 해도 많은 함의를 품고 있다. 우리 국민의 삶, 서민의 삶, 나와 내 이웃의 생활을 포괄하는 단어라고 생각했다. 또 안소장이 '민생' 현안에 가장 가까이 있는 사람이고 나는 실물경제와 금융 경제 등 '경제' 분야에 전문성이 있으니 두 단어를 합치면 될 것 같았다.

시작은 무척 미미했다. 사무실도 직원도 없고 나와 안소장, 실무를 담당하는 동지 한 명뿐이었다. 나와 안소장은 공동소장을 맡아 대내 활동을 하고 사무처장이 실무를 맡은 체제로 출발했다. 하지만 우리는 누구보다 역동적인 활동을 펼쳤다. 민생경제연구소는 김성태, 이완영 전 의원을 고발하는 것으로 첫 활동의 문을 열었다.

김성태 전 의원은 의원 시절 국회 국토교통위원회 소속이던 시절에 김포공항 고도 제한 완화와 국립박물관 건립을 위한 국제기구 협의 등을 이유로 한국공항공사로부터 1162만 원의 경비를 지원받아 미국과 캐나다를 방문했다. 이완영 의원은 국회 환경노동위원회 소속이던 시절 국제기능올림픽 대회에 참가한다는 명목으로 산업인력공단으로부터 2066만 원의 경비를 지원받아 독일을 방문했다. 위법성이 크게 의심되어 두 사람을 정치자금법 위반과 뇌물 혐의로 서울남부지방검찰청에 고발했다.

출범 초기라 사람들에게 알려지지 않아 유령 단체라는 이야기가 나오기도 했다. 자유한국당 원내대변인은 "민생경제연구소라는 유령 시민단체를 앞세워 '김기식 (금융감독원장) 낙마'에 대한 보복성 앙갚음 고발을 했다. 민생경제연구소는 비영리 단체로 등록조차 되지 않았고 연구소와 관련된 그 어떤 내용도 온·오프 라인에서 찾아볼 수 없다. 확인할 수 있는 사실은 오로지 '참여연대맨' 안진걸 씨가 소장이라는 것뿐이다"라며 우리 연구소에 대해 날선 비판을 했다. 심지어 민생경제연구소가 여당과 청와대의 사주를 받아 활동하는 단체라고 모독하기도 했다.

당시 이러한 비판이 억울해 자유한국당으로부터 비난을 받은 안진걸 소장이 오마이뉴스와 인터뷰(2018.5.8.)를 하기도 했다.

임세은 식당으로 오세요

**김성태, 이완영 의원은 어떤 문제가 있기에 고발한 건가?**

김성태, 이완영 자유한국당 의원을 정치자금법 위반과 뇌물 혐의 등으로 지난 4월 20일 서울남부지검에 고발했다.

김의원이 국회 국토교통위원회 소속이던 2015년 2월 국토교통부 산하 한국공항공사로부터 1162만 원의 경비를 지원받아 김포공항 고도 제한 완화 및 국립박물관 건립을 위한 국제기구 협의차 미국과 캐나다를 방문한 것과 관련해서다.

이완영 의원은 국회 환경노동위원회 소속이던 2013년 7월 고용노동부 산하 산업인력공단으로부터 2066만 원의 경비를 지원받아 국제기능올핌픽대회에 참가하기 위해 독일 라이프치히를 방문한 것과 관련해서다.

두 의원과 함께 피감 기관 지원 해외 출장이 훨씬 잦고 관련 의혹 역시 많이 제기됐던 다른 국회의원들에 대한 수사도 진행해야 한다면서 고발했다. 앞으로 비슷한 혐의를 받고 있는 다른 의원 등도 추가로 고발할 예정이다.

**자유한국당이 이 같은 고발에 대해 꽤 불편했던 듯하다. 강하게 반발하고 나섰는데.**

자유한국당은 이 같은 사실을 밝힌 하루 뒤 곧바로 논평을 통해 왜곡된 사실을 유포했다. 전형적인 거짓 논평이다. 자유당 원내대변인은 이날 논평을 통해 "민생경제연구소라는 유령 시민단체까지 앞세워 김기식 낙마에 대한 보복성 앙갚음 고발을 했다"면서 "민생경제연구소의 고발은 참여연대가 유령 출장소를 통해 김기식 낙마를 앙갚음하려는 대리 고발"이라고까지 표현한 것이다.

## 자유한국당의 주장은 사실인가?

참여연대 간사직을 4월 13일자로 사직했다. 최근 민생경제연구소라는 좋은 연구소도 만들고 상지대 초빙교수, 성공회대 외래교수, 서울신문 비상근 감사 등으로 일하고 있다. 참여연대에서 사무처장과 시민위원장 등 다 사직, 사임하고 이제는 자유인이다. 김성태, 이완영 의원에 대한 고발은 내가 참여연대를 떠나 새로 결성한 민생경제연구소에 참여하는 시민들의 자발적 분노로 이뤄진 것이다. 자유한국당의 주장은 늘 그렇듯이 100퍼센트 거짓이다.

## 유령 단체 소리를 들은 민생경제연구소에 대해 말해달라

민생경제연구소는 여러 방면에서 경제 정의와 사회 정의를 추구하는 시민들의 자발적 모임으로 여러 뜻있는 분들이 모여 있는 신생 시민단체다. 민간 싱크탱크와 시민 행동을 결합한 모임이다. 당연히 신생 시민단체이다 보니 행정자치부 등에 아직 등록되지 않고 있을 뿐이지 유령 단체라는 자유한국당의 설명은 말도 안 된다. 명백하게 실체가 있는 모임이다.

임세은 성공회대 교수, 전필건 탐사 전문가, 방정균 상지대

교수, 장진수 전 주무관, 손병돈 수원대 교수 등 여러 분이 함께하고 있다. 유령 단체는 자유한국당이 늘 동원해왔던 극우 단체들이 그 전형이다. 민생경제연구소 참여 인사들 면면도 참여연대와는 관련이 없다. 또 다른 공익적 시민단체가 하나 더 생긴 것으로, 뜻있는 전문가와 시민들이 함께 민생 경제 활성화, 경제민주화, 사회 정의 실현을 위해 연구하고 행동하는 곳이다. 특히 수구 기득권과 권력층의 혈세 탕진과 불법행위를 감시하고 대응하는 일도 병행하고 있다.

그렇게 시민들이 자발적으로 모여 두 의원뿐 아니라 문제가 될 의원들의 의혹을 고발한 것뿐인데 자유한국당이 이상한 논평을 낸 것을 보니 도둑이 제 발 저리거나, 시민들의 자발적인 움직임을 무조건 색안경을 쓰고 불온시하는 군사독재 정권의 후예다운 황당한 발상으로 보인다.

자유한국당은 그동안 온갖 비리와 적폐, 지독한 부패를 저지른 국기 문란 및 국정 파탄의 주범으로서 각성을 넘어 해체됐어야 마땅했다. 최근에 남북 화해와 한반도 평화에 대한 맹목적 반대만 봐도 자유한국당은 정상이 아니다. 안타깝게도 수구, 기득권, 냉전 병이 너무 심하게 걸린 것이다. 지금이라도 자유한국당이 최소한의 균형 감각과 상식을 회복하기 바란다.

## 산재한 민생 현안

안진걸 소장과 내가 정치 이슈에만 몰입한 것은 아니다. 우리는 여러 민생 현안을 찾아내고 문제를 개선하기 위한 노력을 병행했다.

민생경제연구소는 무연산 위스키 문제를 공론화했다. '술사랑 동호회(술과 사람을 사랑하는 모임)'와 함께 국내에서 무연산 위스키들이 판매하는 업체들이 소비자를 속이고 기만하는 동시에 폭리를 취하고 있다는 문제였다. 업체 두 곳을 국세청 등에 공정거래법 위반 등으로 신고했다. 무연산 위스키는 숙성 연수를 표기하지 않은 제품으로, 이를 국내 대표 위스키 업체들이 무연산 위스키를 판매하면서 제품 전면의 라벨에 숙성 연수(연산)을 표기하지 않고 버젓이 연산 위스키처럼 속여 대놓고 홍보까지 해 소비자들에게 혼란을 주고 있었다. 즉 두 회사가 실제 품질과 국민들의 평가 등 여러 측면에서 숙성 연도와 연산이 매우 중요한 양주 업계에서 무연산 위스키를 마치 고품질의 위스키인 양 판매하고 홍보해 소비자를 기망하고 폭리를 취한 것이다.

거래상 지위를 남용해 무연산 위스키를 연산 위스키 12년산 및 17년산과 비슷한 가격대에 판매해 폭리를 취하는 것은 명백히 소비자들을 속이는 행위로 표시·광고의 공정화에 관한 법률 위반이라고 봤다. 다행이 최근 그중 한 곳은 무연산 위스키의 경우 가격을 내리고 제품 내용에 대한 설명을 강화했다.

신고 이후에도 여러 대안과 입장을 밝혔다. 민생경제연구소는 우리 국민들의 민생과 경제, 사회에 영향을 끼치는 권력과 기관 등의 행위를 계속 감시하고 연구하며 기동적으로 활동했다.

나는 청와대에 들어가 일하느라 잠시 민생경제연구소 소장직을 내려놓았고 2년 뒤에 복귀했다. 그 동안 민생경제연구소는 사회의 불의를 밝히고 대안을 마련하는 시민단체로 우뚝 섰다. 물론 그 중심에는 나의 든든한 동지인 안진걸 소장이 있다. 우리는 여전히 권력의 불의와 비리에 맞서 투쟁하고 좀 더 나은 사회로 나아가기 위해 다양한 노력을 펼치고 있다.

## 부정 타파를 위한 과감한 행보와 안진걸 소장의 배려

　민생경제연구소는 계속 활동 범위를 넓혀갔다. 우리는 나경원 전 의원을 공직선거법상 허위사실유포, 형법상 명예훼손, 업무방해, 배임, 직권남용 등의 혐의로 고발했다.

　고발 사건 이야기가 나온 김에 안진걸 소장의 미담을 더해본다. 안진걸 소장은 혹여 상대 측으로부터 고소나 고발을 당할 것 같은 일이 생기면 내 이름을 빼고 일을 진행했다. 사안이 심각하거나 위험하다 판단되면 "임세은 소장님, 이 건은 이름을 빼는 게 좋을 것 같아요"라고 의견을 개진했다. 좋지 않은 상황이 닥치면 안소장 본인 혼자서 어깨에 그 무게를 지고 갔다. 사실 그때 나는 안진걸 소장의 결정에 담긴 깊은 의미를 잘 몰랐다. 우여곡절을 함께 겪고 의기투합한 동료로서, 내가 알려지지 않은 이른바 민간인인 데다 아직 어린 두 아이를 키우는 엄마라는 이유로 언제나 배려했다. 고맙고 미안한 일이다.

## 서울시당 청년정책특별위원장

활발히 민생경제연구소 활동을 이어나가던 중 귀한 제안이 들어왔다. 지금도 그렇지만 그때도 청년과 관련한 여러 불합리한 이슈가 수면에 떠올랐다. 당시 서울시에는 청년청이 설치되어 있던 터라 우리도 청년 관련 정책과 의제를 제안했다. 민주당 내부에서도 청년 의제를 집중적으로 다뤄야 한다는 목소리가 모아졌다. 서울시당이 먼저 그 시작을 끊었다. 서울시당에서 앞서 청년 의제를 끌어내면 그 의제를 서울시 청년청에서 행정적으로 뒷받침하는 체계를 만들려고 했다.

민주당 서울시당은 감사하게도 내게 청년정책특별위원회 위원장을 제안했다. 내 역할은 민주당이 청년에 관한 의제를 주도할 수 있게 서울시와 협의를 잘 해내는 것이었다. 꼭 필요한 일이고 그 막중한 임무가 내게 주어진 것은 영광이었다.

나는 위원장직을 수락했고 청년정책특별위원회가 공식적으로 구성됐다. 당시 서울시와 당정 협의회를 통해 많은 의견을 도출하고 해결하려고 부단히 노력했다. 물론 장기적 안목으로 청년 의제에 대한 청사진을 보여주는 것도 필요했지만, 당장 시급한 의제가 떠올라 제안하면 서울시는 즉각 반응해 실행에 옮겼다. 내가 위원장이라는 직책을 갖고 한 최초의 일이 아니었나 싶다.

첫 당정협의회에 당시 서울시당 위원장인 안규백 의원과 박원순 서울시장이 참석했다. 앞으로 당정이 힘을 합쳐 청년 이슈에 더 면밀하고 신속하게 대응하고 발전적 대안을 마련하자며 결의했다. 두 분은 감사하게도 내가 청년정책특별위원장으로 활동하는 동안 진정성 있는 자세로 응원과 지원을 아끼지 않았다.

# 극한 코로나19 극복기

갑자기 들이닥친 국가적 질병이자 재앙인 코로나19에 많은 국민이 힘들어했다. 당에서도, 또 정부에서도 여러 긴급한 대책을 마련했다. 단 한 번도 겪어본 적 없는 국가적 질병 사태에 정치권도 우왕좌왕했다. 그 와중에 야당인 자유한국당은 모든 상황을 문재인 정부 탓으로 돌렸다. 마스크가 부족한 사태가 발생하고 국민들이 약국 앞에 줄을 서 마스크를 사는 일이 일어났다. 당연히 정부와 여당은 긴급한 상황을 빠르게 해소하고 국민을 안정시킬 임무가 있었다. 야당은 오히려 신이 난 듯 정부와 여당의 무능 탓이라며 비판을 넘어 비난의 수위를 연일 높여갔다.

정부와 여당은 한몸이 되어 코로나19 상황을 극복하기 위해 총체적인 노력을 펼쳤다. 시급한 마스크 부족 문제를 위해 정부는 유휴 공장을 지원해 생산을 늘리고 정보화가 된 행정 시스템을 이용해 약국에 일인당 구매할 수 있는 수량을 정해 수요와 공급 관리를 해나갔다. 또 다소 불편하지만 '사회적 거리두기'라는 정책으로 코로나19 확산을 최소화하고 국가 경제가 원활하게 돌아가게 하는 방안을 찾았다.

물론 그 과정에서 자영업자를 비롯해 어려움을 겪은 이들이 많았다. 이 부분은 무척 뼈아픈 지점이다. 면밀하고 섬세한 지원과 배려가 필요했다. 또 전 국민에게 재난지원금을 지급해 불가피하게 발생한 국가적 재난 상황에 대해 다소 피해 보상을 하고 그를 통해 어려운 자영업자의 경제 형편을 도우려는 의지를 보였다.

각고의 노력 덕에 우리나라는 코로나19에 대처를 잘한 일등 국가로 평가받을 수 있었다. 우리 국민들의 헌신이 크게 뒷받침했다고 생각한다. 비상 상황에 대처하는 공무원들의 노력과 희생도 험난했던 위기를 잘 극복할 수 있는 원동력이었다.

## 코로나19 총선, 전략공천관리위원

코로나19 유행이 극심하던 중에 나는 더불어민주당 전략공천관리위원회 위원으로 선임되어 코로나19 시국의 2020년 총선에서 역할을 하게 됐다. 공천관리위원은 크게 비례대표공천관리위원, 전략공천관리위원, 일반공천관리위원 셋으로 구성이 된다. 비례대표공천관리위원회는 비례대표가 되려고 나서는 후보들을 중심으로 심사가 진행되고 추후 중앙위원 투표, 권리당원 투표를 거치므로 다른 두 공천관리위원회와는 차별성이 있다. 전략공천관리위원회는 사고 지역, 불출마 지역, 추가 분구 지역, 의원 평가로 컷오프된 지역 등의 심사를 진행한다. 그리고 일반공천관리위원회는 나머지 지역에 대해 평가한다. 그 두 위원회는 공유하는 정보와 중첩되는 연결 고리가 많아 매우 유기적인 활동이 필요하다.

위원회는 때로 회의를 몰래 숨어 다니며 진행할 만큼 예민한 곳이었다. 갑자기 새벽에 연락을 받고 나가기도 했다. 그 당시 나는 아는 전화든 모르는 전화든 거의 받지 않을 정도로 비밀 유지에 신경 써야 했고 실제 당에서도 각각의 공천관리위원에게 사사로운 개인 연락을 삼가해달라고 요청했다.

　선거에서 공천은 누군가 살면 누군가 죽는 이른바 생존이 걸린 문제다. 각종 첨예한 이해관계와 인간관계가 뒤섞인 정치판에서 그런 업무를 한다는 건 무척 힘든 일이었다. 세간에서는 공천관리위원에게 막대한 권한이 있을 것이라 말하지만, 그보다는 자신이 한 말과 평가, 그 결과가 언젠가 자신에게 부메랑이 되어 돌아올 수도 있는 무겁고 부담스러운 자리라고 생각한다.

　지금까지 2014년 서울시당 지방선거 공천관리위원, 2015년 서울시 재심위원, 2020년 총선 전략공천관리위원, 2022년 지방선거 경기도당 공천관리위원 등 여러 차례 공관위원을 하면서 '직업이 공관위원'이라는 말을 듣기도 했지만 매순간 무거운 책임감으로 회의에 임했다. 2020년 총선에서 코로나19 시기를 잘 극복하고 어려운 상황을 마무리하라는 국민의 심판이 내려지면서 민주당이 역대 최대 의석을 차지했다. 총선은 집권 여당의 승리로 마무리됐고 얼마 후 나는 청와대 청년소통정책관으로 발탁됐다.

## 청와대, 모든 것이 정확한 공간

청와대에 들어가려면 아무리 짧아도 한 달 정도의 검증 시간이 필요하다. 2020년 초에 이미 필요한 서류를 청와대에 제출해 검증을 거쳤다. 자세한 검증 내용은 밝히기 어려우나 일단 매우 까다로운 절차를 거쳐야 청와대에서 근무할 수 있음은 확실하다. 청년소통정책관은 청년비서관실 2급 선임행정관으로 이른바 고위공무원단에 속하는 공무원이다. 청와대라는 공간은 누군가의 도움을 받아 들어갈 수 있는 곳이 아니기에 매우 영광스러운 일이었다.

2020년 4월 27일 첫 출근을 했다. 이미 엄격한 검증 절차를 거쳤지만 실제 출근해보니 매일매일이 긴장의 연속이었다. 청와대는 매우 정확한 공간이었다. 사전에 내 정보가 모든 시스템에 입력돼 있고 출근하면 대기하는 직원이 있다. 국가 운영의 컨트롤타워답게 모든 곳에 계획과 기록이 설계돼 있다.

나는 서류상으로도 공식 임명을 받은 상황인데도 출입증이 바로 나오지 않아 며칠간 경호처 관리 보관함에 휴대폰을 제출하고 출근했다. 게다가 매일 같은 비서관실에 근무하는 직원이 나와 내 신분을 확인받는 절차를 거쳐야 했다. 모든 직원은 출근시 직책에 상관없이 연풍문에서 검사를 받아야 통과할 수 있다. 마치 우리가 해외여행을 오갈 때의 절차처럼 모든 짐은 오고 갈 때마다 검사가 필요했다. 출입증을 딸칵 찍으면 화면에 내 얼굴과 신분이 뜬다. 모든 동선이 기록되고 관리됐다. 오고 가는 이들은 물론, 직원들 모두가 한 명도 빠짐없이 철저히 관리되는 곳이다.

조금은 불편하고 무거운 마음으로 청와대 생활을 시작했다. 청와대는 여야의 정치적 이해타산에 따라 매 정권마다 서로 예산을 주지 않아 시설이 무척 낙후돼 있었다. 청와대 직원들은 우리가 흔히 아는 본관이 아니라 여민1관, 2관, 3관으로 불리는 건물에서 근무한다. 이른바 비서동이라는 곳이다. 여민1관에는 상황실과 정무수석실, 의전비서관실, 연설비서관실, 제1부속실, 기획비서관실 등 대통령과 직접 바로 소통해야 하는 비서관실들이 있었다. 나는 그 옆에 있는 여민3관에서 근무했다. 이전 대통령은 청와대 본관의 2층 대통령 집무실에서 근무했지만 문재인 대통령은 비서진들의 업무 동선을 고려해 여민1관에 집무실을 만들어 늘 비서진과 소통했다.

청와대에서 근무한다고 하면 대통령을 매일 만날 수 있으리라 여기곤 한다. 하지만 청와대에서도 대통령을 직접 볼 수 있는 일은 흔치 않다. 특히 나는 코로나19가 극심한 시절 청와대에 입성했기에 대통령을 뵐 기회가 없었다. 하지만 문재인 대통령한테는 특유의 소탈함이 있었다. 가끔 예고치 않게 직원식당, 이른바 회사로 말하면 구내식당에 갑자기 찾아와 직원들과 식사를 하곤 했다. 구내식당에서 밥을 먹고 있는데 분위기가 심상치 않고 경호처 직원들이 들어와 식당 내부를 정리하는 모습이 보이면 '아, 대통령이 오시는구나' 하고 직감할 수 있었다.

그날 구내식당 메뉴는 대통령이 평소에 좋아한다는 메밀국수였다. 혹시 했던 내 예상대로 대통령은 구내식당에서 식사를 했다. 세상에 직장 상사만큼 어려운 사람이 있을까? 대통령이 등장하자 밥을 먹던 직원들은 원래 말이 없던 사람들처럼 침묵했다. 식사를 끝낸 뒤에도 오도 가도 못 하는 직원들의 모습이 눈에 띄었다. 나는 '에라, 모르겠다' 하는 마음으로 메밀국수를 드시는 중인 대통령을 향해 뚜벅뚜벅 걸어갔다. 경호원들이 분주해졌다. 옆에 앉은 제1부속실장과 총무비서관의 눈이 커졌다. 대통령 앞에서 "대통령님, 식사 맛있게 하세요, 힘내세요"라고 외치고는 총총 걸어 그 자리를 떠났다. 문재인 대통령은 함박웃음으로 내 도발에 화답했다. 직원들과 더 많이 소통하려고 했던 대통령의 마음이 코로나19 탓에 제대로 펼쳐지지 못한 것 같아 못내 아쉽다. 내 청와대 생활은 매우 재밌고 신선했다.

## 청와대 '인싸'로 등극한 청년소통정책관

2020년 한 해는 청년 이슈가 매우 뜨거웠다. 특히 인천국제공항 정규직·비정규직 문제를 비롯해 청년들이 '공정과 상식'을 외쳤던 때였다. 인천국제공항 사태, 이른바 인국공 사태로 인천국제공항의 정규직 직원들이 청와대 앞에 있는 연무관과 사랑채 앞에서 집회를 열었다. 청년 이슈의 담당자로서 현장의 목소리를 들으려고 그곳으로 찾아갔다.

그 당시 청년들이 분노한 데에는 촛불로 만든 정부가 더 공정하지도 상식적이지도 않다는 울분이 있었다. 인국공 사태에는 세밀히 고민해야 하는 지점이 있었다. 막연하게 누가 나쁘다고 몰아붙일 사안이 아니었다. 직접 마주한 그들과 또 반대편에 있는 사람들의 주장을 따져보니 누가 옳다 그르다 결론짓기 어려웠다. 우리는 비상 사태에 돌입했다.

청년의 입장에서 사안에 대해 쓴소리를 해야 하는데 청와대 안에서 나 말고는 그 일을 할 사람이 없었다. 정책 간부 회의에 참석해달라는 요청이 왔다. 나는 마음을 굳게 먹고 회의에서 너무나도 아픈 소리를 모두 쏟아냈다. 내 발언에 회의 참석자들은 급작스레 충격을 받은 것처럼 보였지만 반드시 해야 할 이야기이기에 누구의 눈치도 보지 않기로 했다. 청년실에서 함께 근무하던 동료 셋은 지위 고하를 따지지 않고 '할 말은 한' 그날을 독립기념일처럼 생각했다. 나는 질렀고 그들은 지원했다. 존재감이 없던 우리의 입지를 굳건히 한 큰 사건이었다.

그날로 각종 모든 회의에 참석해달라는 요청을 받았다. 의사결정 사항에서 내 의견을 듣고 싶어 하는 등 어느새 나는 청와대 안에서 이른바 '인싸'가 돼가고 있었다.

청년기본법이 국회 처리 과정에 있던 시기 나는 바로 국회를 찾아가 만 45세 미만의 국회의원들을 한 명씩 만났다. 여야를 막론하고 적어도 청년 의제를 심각하게 생각할 수 있는 의원들에게 청와대의 청년 의제에 대해 설명하고 협조를 요청했다. 국민의힘 의원들도 이런 진정성을 이해하고 당명을 떠나 청년 의제에 대해서는 공감한다며 협조에 응했다. 이후 국무총리 직속에 청년정책조정위원회라는 기구를 만들고 청년기본법, 시행령, 국가 행사로서 제1회 청년의날을 만드는 일들을 행했다.

지나고 보니 마구잡이처럼 지나간 것 같지만 중요한 일은 비교적 차분히 모두 해낸 것 같다. 특히 제1회 청년의날 공식 행사에는 대통령 내외가 참석했을 뿐 아니라 세계적 스타이자 우리나라의 자랑인 BTS가 청년의 일원으로 자리를 빛내 역사적 의미를 더했다. 그 행사를 끝으로 청년소통정책관 직을 마치고 부대변인이라는 새로운 자리로 이동하게 됐다.

# 청와대 부대변인 생활

2020년 9월 2일 나는 청와대 부대변인으로 임명됐다. 한때 부대변이 두 명이던 적도 있었지만 당시는 대변인과 부대변인을 각각 한 명씩 두는 체제로 운영했다. 다음 날 나는 춘추관을 찾아 출입기자들에게 이런 인사말을 건넸다.

"앞으로도 코로나19로 인해 '잃어버린 세대'가 될 수 있는 청년들의 목소리를 잘 경청하겠다. 꾸준히 청년들과 소통하고 그들의 목소리를 귀담아들어 청년과 관련한 여러 현안에서 대통령의 귀 역할을 했다고 볼 수 있다. 이제는 대통령 내외분의 말씀과 생각, 그리고 진심을 국민들에게 잘 전달하는, 두 분의 입 역할을 하게 됐다."

대변인은 대통령의 제1의 입으로서 대통령의 공식 행사와 회의에 동석해 메시지를 파악하고 언론과 국민에게 알리는 역할을 한다. 부대변인은 대통령의 제2의 입이자 대통령 배우자의 입으로서 대변인이 공석일 때 대변인을 대신하는 역할을 맡고 대통령 배우자의 행사와 회의 등 각종 일정에 동석해 언론에 배우자의 메시지를 알린다.

내가 부대변인으로 이동했을 당시 대변인은 전 중앙위원 논설위원을 지낸 강민석 씨였다. 처음 대변인실로 물품을 옮기던 날 강민석 대변인과 많은 이야기를 나눴다. 정말로 문재인 정부를 사랑하고 있다는 느낌을 받았다. 대변인과 보낸 시간을 돌아보면 그 첫 인상이 정확했다. 청와대 소통수석실에서 강민석–임세은 체제는 매우 이질적이지만 또 안정적인 체제로 평가됐다. 프로답게 모든 사안을 꼼꼼히 살피고 이슈를 던지는 대변인과 빠른 결정과 실행력을 가진 부대변인. 감사하게도 대변인과 훌륭한 콤비를 이뤄 젊고 활기찬 대변인실을 만들어갈 수 있었다.

지난 이야기이지만 마냥 씩씩한 내게도 작은 고충은 있었다. 마음 둘 곳이 없어 스스로가 외톨이처럼 느껴질 때도 있었다. 청와대에 있는 사람들 대부분이 정치권에서 잔뼈가 굵은 보좌진이나 정당인 출신이었기에 나와는 살아온 경로가 무척 달랐다. 나는 어찌 보면 운명처럼 정치권에 들어오게 됐고 속속들이 알 정도의 경험이나 이해는 부족했다. 그러다 보니 특히 나와 성향이 다른 사람과 일을 하면 크고 작은 갈등이 발생했다. 오해도 많았다. 하지만 그 누구도 탓할 수는 없는 것이다. 나를 더욱 단단히 만들고 내 사람들을 구별하며 나의 자리를 공고히 만들기 위한 과정이라 생각한다. 쉽지 않았지만 쉬운 듯이 지나 보낸 시간이었다.

## 마지막 순방길 수행

청와대에 근무한다고 해도 대통령의 순방길에 수행하는 일은 내부에서도 극소수의 선택받은 사람에게만 주어진다. 실제로 코로나19 때문에 문재인 대통령은 순방 일정이 1년 반 동안 없었다. 가장 오랫동안 근무한 강민석 대변인을 두고 우리가 장난처럼 가장 긴 대변인이지만 가장 불운한 대변인이라고 놀리곤 했던 것도 그가 근무하는 동안 순방 일정이 없었기 때문이다. 순방을 가게 되면 대변인과 부대변인은 필수 수행원이다. 그런데 순방 일정 자체가 없었으니 강민석 대변인은 한 번도 1호기를 타보지 못하고 대변인 직을 마감했다.

대통령의 순방 일정은 사전 준비와 현지 준비로 매우 힘들기는 하지만 그래도 누구나 한 번쯤은 가보고 싶어 한다. 나는 영국 G7 정상 회의, 스페인 국빈 방문, 오스트리아 국빈 방문, UN 총회 등의 순방 일정에 수행원으로 동행했다. 모든 순방이 기억에 남지만 특히 내가 청와대를 그만두려고 마음먹고 난 뒤 동행한 미국 UN 총회의 일정이 오래 마음에 남는다.

2021년 9월 BTS가 UN 총회에 참석해 연설하고 김정숙 여사가 한국 문화를 알리는 뉴욕 메트로폴리탄 미술관을 방문하는 일정이 있어서 그 준비와 보안은 더욱 철저히 이뤄졌다. 개인적으로 BTS의 열성 팬이었기에 기대가 한껏 부풀었다. 아무에게도 알리지는 않았지만 마음속으로는 미국 순방을 끝으로 청와대 생활을 마무리하려고 결심한 뒤라 미국에서의 일분 일분이 더욱 특별하게 다가왔다. 그리고 부대변인이자 청년의 한 사람으로 미국에서 열린 차세대 한인 청년과의 간담회에서 사회를 보기도 했다. 그때 언론에 브리핑했던 내용을 다시 꺼내본다.

### ■ 김정숙 여사가 BTS와 메트로폴리탄 미술관 한국실을 방문했습니다

제76차 유엔 총회를 계기로 문재인 대통령과 함께 뉴욕을 방문 중인 김정숙 여사는 현지 시간 (2021년) 9월 20일 오후 5시 5분에 미국 메트로폴리탄 미술관 한국실을 방문했습니다.

이 자리에는 '미래 세대와 문화를 위한 대통령 특별 사절'로 임명된 BTS와 황희 문화체육관광부 장관, 조윤종 뉴욕 한국문화원장, 박정렬 해외문화홍보원장 등이 함께했습니다.

뉴욕 메트로폴리탄 미술관은 전 세계에서 네 번째로 방문객이 많은 박물관이자, 미국 최대 규모의 미술관으로 많은 관람객의 사랑을 받고 있는 대표적인 미술관입니다. 특히 한국과는 매우 각별합니다. 1998년 한국실을 개관했고 전담 큐레이터를 고용해 다양한 주제의 한국 관련 특별 전시들을 개최하는 등 미국인과 세계인들에게 한국 문화의 전통과 아름다움을 알리는 거점 기지로서 역할을 톡톡히 해내고 있습니다.

김정숙 여사는 로비에서 미래문화특사인 BTS와 반갑게 인사하며 "오늘 오전에 있었던 SDG 모멘트(지속가능발전목표 고위급회의) 연설과 공연이 매우 인상적이었다"고 했고 맥스 홀라인 미술관장은 방탄소년단을 맞아 "오늘 BTS의 SDG 모멘트 연설과 퍼포먼스로 지속 가능한 미래에 관심을 갖게 해줘서 고맙다"고 말했습니다.

이후 한국실로 이동해 신라의 금동반가사유상, 고려 시대의 청자피리, 현대의 분청사기와 달항아리 등 전시품들을 관람했습니다.

방탄소년단 멤버들은 삼국시대의 신라 금동반가사유상을 보고 "좋아하는 작품"이라며 포즈와 미소를 따라 하기도 했고 고려 시대의 청자피리에 특히 관심을 보였습니다.

달항아리 앞에서 리더 RM이 "달항아리의 찌그러진 형태에서 매력을 느낀다"고 말하자 김정숙 여사는 "두 개의 반구를 합쳐 하나가 되는 것이 달항아리"라고 설명하고 이어 "방탄소년단이 다양한 예술에 조예가 깊다"고 말했습니다. 분청사기의 전통 묘사 기법을 사용해 추상적인 형태와 문양을 올린 윤광조 작가의 작품을 보면서는 "한국의 전통문화 예술과 현대의 작품이 공존하는 한국실에서 한국 문화의 자존심을 갖게 된다"고 말했습니다.

이후 미술관 루프 가든에 마련된 한국 공예품 전달식에 참석했습니다.

오는 12월 개막 예정인 '한국 나전칠기 특별전'에 전시될 이 작품은 정해조 작가의 '오색광율'로서 한국 전통 직물인 삼베를 다섯 가지 색의 천연 옻칠로 겹겹이 이어 붙여 만든 작품입니다.

황희 문화체육관광부 장관은 이 작품에 대해 "다양한 색과 표정을 담고 있는 이 작품은 다양한 개성과 매력을 가진 BTS와 닮았다"고 말했습니다.

김정숙 여사는 이 행사에서 축사를 통해 "미술관의 한국실에서 한국에서 온 다양한 문화유산과 현대의 작품들이 문화 외교 사절 역할을 하고 있다"고 말하며 "앞으로도 한국실이 한국 전통의 아름다움과 더불어 약동하는 오늘의 한류를 세계인에게 전하는 뜻깊은 공간이 되기를 바란다"고 소감을 밝혔습니다.

황희 장관은 메트로폴리탄 미술관이 1998년 한국실을 설치한 이후 2015년과 2018년 두 차례에 걸쳐 한국 정부와 MOU를 체결해 한국실 전시 등을 지원하는 등 지금까지 지속적인 교류와 협력을 추진하고 있다며, 12월 개막 예정인 '한국의 나전칠기 특별전' 또한 오랜 협력의 결실이라고 말했습니다.

맥스 홀라인 관장은 "아름다운 작품을 전시하게 되어 매우 영광"이며 "2023년은 한국실 개관 25주년이기에 그 의미가 더욱 깊다"고 말하고 "진취적이고 학술적으로 우수한 한국의 예술 작품을 전시해왔고 앞으로도 범위를 더 확대하겠다"고 화답했습니다.

리더 RM은 "한국 문화의 위대함을 알리려는 많은 분의 노력으로 오늘의 저희가 있다고 생각한다. K팝, K드라마, K무비 외에도 알려지지 않은 예술가들도 노력하고 있다"며 "한국 문화의 위대함과 K컬처의 가능성을 믿고 사명감을 갖고 열심히 임하겠다"는 다짐을 말했습니다.

김정숙 여사와 미래문화특사의 메트로폴리탄 미술관 방문으로 한국의 아름다운 문화유산과 현대 한국 문화예술에 대한 세계인의 관심이 고취되는 계기가 되기를 희망합니다.

미국 순방 전에 '미래 세대와 문화를 위한 대통령 특별 사절'로 임명된 BTS가 김여사와 함께 메트로폴리탄 한국실을 방문하는 일정을 기획하고 수많은 회의를 하면서 다소 걱정되는 부분이 있었다. BTS가 워낙 세계적으로 핫한 스타이기에 우리가 마치 행사를 위해 BTS를 억지로 데리고 가는 것 아니냐는 오해가 있을 수도 있다는 우려였다. 그리고 방문하는 곳이 미국뿐 아니라 세계적으로 잘 알려진 유명 미술관이이서 자칫 논란이 될 수도 있기에 수차례 검토를 했다. 하지만 BTS는 미래문화특사로서 미국을 방문한 것이기도 하지만, UN 총회 본회의에 앞서 SDG 모멘트에서 연설과 공연을 하기로 예정돼 있었다. 그리고 UN 본부에서 요청한 문화특사로서 인터뷰를 하기로 했다. UN 행사가 주목적이었고 BTS 멤버들 자체도 문화예술, 특히 미술에 대한 관심이 지대했기에 김여사와 함께 세계적인 미술관의 한국 예술품을 소개하는 것은 큰 의미가 있다고 판단해서 행사가 진행됐다.

행사 당일 오전 BTS는 SDG 모멘트 연설과 공연을 잘 마치고 오후에 메트로폴리탄 미술관을 찾았다. 나는 다른 행사 때보다 더 긴장됐다. 김정숙 여사와 참모들이 메트로폴리탄 미술관 앞에 섰을 때 박물관 앞 계단에 앉아 있던 BTS의 수많은 팬들이 박수와 함성으로 환영했다. 김정숙 여사는 로비에서 BTS와 반갑게 인사하고 함께 한국실로 이동했다.

한국실로 이동할 때 김여사와 BTS, 제2부속실 비서관과 함께 엘리베이터를 탔는데 나는 그 좁은 공간에서 BTS를 제대로 쳐다보지도 못했다. 당연하지만 비서진으로 공무 수행 중이라 개인적 감정을 나타낼 수 없기에 떨리는 마음만 부여잡았다. 그래도 뭔가 표현하고 싶은 마음에 보라색 블라우스를 입고 갔다는 것은 뒤늦게 밝히는 비밀이다.

한국실을 방문한 김여사와 BTS 멤버들은 신라의 금동반가사유상, 고려 시대의 청자피리, 현대의 분청사기와 달항아리 등의 한국 전시품을 보며 의견을 나눴다. 김여사는 예술품에 조예가 깊은데 BTS 멤버 RM도 미술에 대한 관심이 각별해 전시품 하나하나를 보며 느낌을 말하고 작품에 대한 이야기도 꺼냈다.

예상컨대 그 행사를 계기로 메트로폴리탄 미술관의 한국실은 BTS 팬들인 '아미'의 성지가 됐을 것이다. 그리고 많은 세계인이 한국 문화예술의 특별한 아름다움을 경험했으리라 감히 생각해본다. 김정숙 여사와 BTS가 만들어낸 자랑스러운 성과라 할 만하다.

그 후 차세대 한인 청년들과 간담회를 가졌다. 미국에서 한국의 문화를 알리거나 각자의 분야에서 활약하고 있는 청년 10여 명과 깊은 대화를 나누는 자리였다. 김여사는 간담회에 참석하기 전부터 들떠 있었다. 미국에서 자기의 분야에서 최선을 다해 인정받고 있는 한인 청년들을 만나는 자리라 설렘이 가득했다. 이날 간담회는 내가 진행을 하는 것으로 결정돼서 나도 설렘과 함께 행사 전부터 긴장을 멈출 수 없었다.

김정숙 여사가 도착하기 전에 간단한 리허설을 마치고 그분이 오기를 기다리고 있었다. 역시나 김여사가 도착하는 것은 소리로 알 수 있었다. 유쾌한 목소리가 점점 가깝게 다가오며 행사를 돕는 스태프들에게 반갑게 인사하는 소리가 들렸다. 이날 간담회는 커다란 책상에 앉아 딱딱하게 진행하는 것이 아니라 발랄하고 경쾌한 분위기를 위해 빈백 소파에 각자 편한 자세로 앉아 진행했다. 김정숙 여사도 빈백 의자에 앉았는데 처음에는 익숙지 않아 보였지만 어느덧 편안한 자세로 청년들과 대화를 나누었다.

김여사는 이날 비서진들이 준비한 큐 카드를 들고 왔다. 보통 행사가 있으면 짧게는 대략적인 메시지, 길게는 문장과 워딩들이 담겨 있다. 시작할 때 큐 카드를 보던 김여사는 시간이 지나 청년들의 허심탄회한 대화가 이어지자 그것을 무릎 위에 두고 더는 보지 않았다. 그야말로 청년들과 진심 어린 대화를 나누는 순간이었다. 그러던 중 깜짝 놀랄 일이 일어났다.

간담회를 시작하고 얼마 지나지 않았을 때였다. 갑자기 전화 벨 소리가 울렸다. 참석자들은 다들 본인의 휴대폰인지 몰라 한 번씩 확인했지만 행사 전에 내가 수차례 전화기의 상태를 확인해 달라고 이야기했기에 참석자 중에 벨소리의 범인은 없었다. 우리 모두 어리둥절해 있는 사이에도 벨소리는 계속 울렸다. 그때 현지의 경호원 한 명이 놀라 후다닥 행사장 밖으로 뛰쳐나갔다. 본인도 너무 당황했는지 미처 벨소리를 끄지 못하고 몸이 먼저 움직였던 모양이다. 어찌나 당황했는지 행사장 문 앞에 모여 있던 카메라들을 피하다가 어디에 부딪쳤는지 우당탕 소리를 내며 화려하게(?) 나갔다.

진행을 맡은 나는 너무나 당황했다. 스태프와 비서진들도 당혹감을 감추지 못했다. 잠시 무언가 지나간 듯 정적이 흐르는 좌중의 분위기를 깨야만 했다. 내가 "한국에서는 지금 추석인데 추석에는 보름달을 봅니다. 김정숙 여사님이 한국의 보름달 사진을 갖고 오셨는데 저기 잘 보이시죠? 한국에서 문재인 대통령을 부르는 애칭이 뭔지 아십니까? 바로 달님입니다. 그래서 여사님이 일부러 갖고 오신 것 같아요"라고 말하자 장내에서 웃음이 터져 나왔다. 나와 눈이 마주친 김정숙 여사는 반달눈으로 쳐다보며 눈빛으로 격려해주었다.

다행히 김여사가 더 많이 웃고 호응하고 참석자들도 즐겁게 이야기하는 가운데 간담회가 이어졌다. 그리고 김여사가 서울에서 준비한 에코백, 색동 보자기로 포장한 한과, 나쁜 운을 쫓는다는 도깨비 얼굴이 그려진 수문장 마스크를 청년들에게 선물하고 행사를 마무리했다. 청년들은 서로 김여사와 셀카를 찍겠다며 웅성웅성 모여들었다. 김정숙 여사는 요청하는 청년들에게 몇 번이고 셀카를 찍어주고 못 다한 이야기를 개별적으로 나누며 아쉬운 발걸음을 옮겼다. 나는 행사를 마치고 실수한 그 경호원이 걱정됐는데 아마 김여사의 성정상 별일 없이 이해하고 지나갔을 것이다. 그 경호원도 젊은 청년이었으니 따뜻한 애정으로 오히려 격려하지 않았을까 추측해본다. 그때 했던 브리핑을 다시 소개한다.

### ■ 김정숙 여사, 차세대 한인 청년과의 간담회

제76차 유엔 총회 참석을 계기로 문재인 대통령과 함께 뉴욕을 방문 중인 김정숙 여사는 오늘 오전 뉴욕 총영사관에 방문해 코로나로 인해 많은 민원인의 민원을 해결했던 민원실 직원들을 격려하고 추석 선물을 전달했습니다.

이어 뉴욕 한국문화원장과 함께 문화원에 있는 전시장을 방문해 한국인 배우 200명의 사진전을 관람하고 뉴욕에서 활동하고 있는 차세대 한인 청년 11명과 진솔한 이야기를 나눴습니다.

간담회에는 차세대 한인 청년 11명과 황희 문화체육관광부 장관, 장원삼 뉴욕 총영사, 박정렬 해외문화홍보원장, 조윤종 한국문화원장이 참석했습니다.

한국 배우 200명의 사진으로 전시된 전시관에서 알록달록한

빈백에 앉아 차세대 리더의 짧은 자기소개를 시작으로 편안히 대화가 이뤄졌습니다.

차세대 리더들의 소개를 듣고 난 뒤 김정숙 여사는 "전 세계인의 사랑을 받는 K컬처는 이제 세계 문화 지형의 중심이 되고 있다"고 하며 "수많은 난관을 통과하면서도 꿈을 포기하지 않는 사람들의 발자취와 현재 다양한 문화예술 분야에서 자신의 길을 헤쳐 나가고 있는 노력들이 K컬처의 세계적인 위상을 높여나가고 있다"고 말했습니다. 아울러 "생존이 목표라면 표류지만 보물섬이 목표라면 탐험"이라는 말을 인용하고, "희망의 끝까지, 열정의 끝까지 여러분의 보물섬으로 항해하기를 바란다"며 "꿈을 펼쳐나갈 수 있기를 항상 응원하겠다"고 격려의 인사를 보냈습니다.

이어 한국인 최초로 토니 어워즈 무대에서 공연을 한 황주민 뮤지컬 배우를 시작으로, 뉴욕 한식당 '먹바'의 대표이자 셰프인 에스더 최, 애니메이션 감독인 김진기 감독 등으로 11명의 차세대 리더들이 이야기를 이어나갔습니다.

특히 민족의 얼이라 하는 언어로 영향력을 미치고 있는 이용근 교사는 뉴욕에서 한국어 교사로 재직하며 한국어와 한국 문화 알리기에 큰 역할을 하고 있습니다. 부모님과 한국 음식 만들기, 한국의 전통문화 알리기, 한국어 책 읽기 등 다양한 한국어 활동으로 한국어를 통한 한국 문화의 선순환을 만들고 있는 사례 등을 소개했습니다. 그리고 보통 한국 학생들이 미국으로 어학연수를 오지만 우리 학생은 한국으로 어학연수를 간다고 하며 앞으로도 한국어를 토대로 한국 문화를 널리 알리도록 노력하겠다고 다짐했습니다. 그리고 참석자 중 유일한 19세 참석자로서 뉴저지 테너플라이시에 '한복의날'을 만든 브라이언 전이 한복의날을 제정한 과정과 월스트리트에서 태극기 게양 행사를 했던 경험을 소개하며 미국에서 먼저 한복의날을 제정했다는 사실이 알려져 한국에도 한복의날이 생기기를 바란다고 말했습니다.

뉴욕 필하모닉 오케스트라의 바이올리니스트 박수현 연주가는 뉴욕 필하모닉은 음악인들에게 그야말로 꿈의 직장이라고 하며, 뉴욕 필하모닉에 들어가 바이올리니스트가 되기까지의 험난했던 여정을 이야기하며 힘들어도 포기하지 않았으면 좋겠고, 동양인이 전무했던 뉴욕 필하모닉에 이제는 한국인 네 명이 주요한 위치를 차지하고 있다, 앞으로 한국인이 더 진출할 수 있으면 좋겠고 선배로서 돕겠다고 다짐했습니다.

참석자들의 이야기를 듣고 난 뒤 황희 장관은 "한국인으로 해외에 살면서 어려움과 고충이 많았을 텐데 이렇게 잘해내고 있으니 든든하고 자랑스럽다. 정부가 더 잘해 여러분의 버팀목이 되겠다"며 격려했습니다. 그리고 오늘의 주제인 '아주 작은 장벽을 넘어서면'을 언급하며 "서로 다른 문화는 다가서지 않으면 높은 장벽이 되고 서로가 다가서면 작은 장벽이 된다는 의미로 해석된다. 오늘의 주제처럼 서로 다른 문화의 다양성이 모여 더 큰 창의성을 발휘할 것이고, 한국과 미국의 서로 다른 문화를 모두 다 잘 알고 있는 여러분의 역할이 기대된다"고 말했습니다.

모두의 이야기를 들은 후 김여사는 "여러분이 어려움 속에서 성취해온 것들을 듣고 나니 가슴이 뜨거워진다. 코로나19 상황에서 한국 국민들의 이타심과 선한 마음, 공동체 의식을 확인했다. K컬처의 열풍이 꺼지지 않게 정부가 세밀히 지켜보고 지원하겠다"고 말했습니다.

이어 김여사는 서울에서 준비한 추석 선물을 증정하며 선물의 의미에 대해 자세히 설명했습니다. 선물은 일월오봉도가 그려진 에코백, 색동 보자기로 포장된 한과, 나쁜 운을 쫓는다는 도깨비 얼굴이 그려진 수문장 마스크입니다.

선물을 받은 참석자들은 먼저 수문장 마스크를 써보기도 하는 등 매우 기뻐하며 감사 인사를 보냈습니다. 참석자들의 마스크 착용을 본 김여사는 모두 마스크를 쓰고 기념 촬영을 하자고 제안했고, 참석자 전원이 수문장 마스크를 쓰고 파이팅을 외치며 촬영을 마쳤습니다.

행사장을 빠져나가는 것을 못내 아쉬워했던 김여사는 요청받은 셀카에 일일이 응하고 대화를 나누며 행사를 마무리했습니다.

# 영부인의 의미와 품격

‘영부인’의 사전적 의미는 ‘각계에서 지도자의 지위에 있는 여성’이나 ‘남의 부인을 높여 이르는 말’이다. 우리나라에서는 주로 대통령의 배우자를 뜻하는 의미로 쓰인다. 박근혜 전 대통령을 제외하고는(박근혜 전 대통령은 배우자가 없었는데 여성 대통령의 남편에 대한 호칭도 사실상 없다) 남성이 대통령이었기에 대통령의 부인을 일컫는 용어로 사용된다.

한때 영부인이라는 말을 써야 한다 말아야 한다는 논란이 일었을 만큼 대통령 배우자의 공식적 역할에 대한 사회적 고민이 있었다. 여전히 공공연히 ‘영부인’으로 부르기도 하지만 이제는 ‘여사’ 호칭이 더 익숙하고 보편적이다. 내가 김정숙 여사를 보좌하는 동안에도 공식 명칭은 ‘김정숙 여사’였다.

대통령의 배우자를 ‘여사’라고 부르게 된 것은 김대중 대통령 부인인 이희호 여사의 아이디어였다. 이희호 여사는 김대중 대통령이 당선된 뒤 청와대에서 권위주의 문화를 청산하는 일이 시급했다고 한다. 그래서 청와대에 들어간 두 분은 호칭부터 바꾸었다.

"남편은 '각하'라는 말 대신 '대통령님'으로 부르라고 했어요. 나도 '영부인' 대신 '여사'라고 불러달라고 했지요. 영부인이라는 건 '대통령의 부인'이라는 뜻인데 대통령 부인이기 이전에 '나 자신'이고 또 나이가 들었으니까 여사로 불러주면 좋겠다고 했지요."[<이희호 평전>(2016, 한겨레출판) 참조]

호칭을 바꾸면서 청와대와 정부의 권위주의 문화도 바뀌었다고 한다. 이렇게 호칭 하나를 바꾸는 사회적 합의를 이루는 데도 시간이 오래 걸리는데, 대통령 배우자의 역할과 지원 범위에 대해 어느 정부를 막론하고 공방이 없을 수 없다. 대통령은 국민의 투표로 선출되지만 대통령의 가족인 배우자는 선출되지도 임명되지도 않으면서 대통령에 준하는 예우를 받는다. 그리고 최측근에서 대통령에게 직간접적인 영향력을 행사할 수 있기에 중요할 수밖에 없다.

대통령 배우자라는 자리는 사회적으로 큰 영향력을 행사하지만 아직까지는 그 지위와 역할에 대해 법으로 규정된 것은 없다. 그나마 '대통령 등의 경호에 관한 법률'(대통령경호법)에 경호 대상에 대한 법적 근거만 있다.

대통령경호법 제4조 경호 대상에서 나와 있는 경호처의 경호 대상은 대통령과 그 가족, 대통령 당선인과 그 가족, 대통령 권한대행과 그 배우자 등으로 특정돼 있다. 그러다 보니 대통령 배우자의 법적인 권한과 역할, 그리고 국고 지원 등에 대해 법적인 근거가 있어야 한다는 말이 끊임없이 나오고 있다.

현재 대통령인 윤석열 대통령은 후보 시절, 부인 김건희 씨의 허위 경력과 허위 학력 등의 문제로 논란이 되자 청와대에 있는 제2부속실을 없애겠다고 공언했다. 그리고 대통령 배우자의 역할을 한정해 '조용한 내조'에 집중하게 하겠다고 밝혔다. 그리고 취임 후에는 제2부속실을 만들지 않았다. 제2부속실이 반드시 있어야 한다는 법적인 조항과 근거가 있는 것은 아니다. 하지만 대통령 배우자가 반드시 해야 하는 국내외 역할, 특히 국가 간 외교 행사에서 해야 하는 일들이 있기에 보좌하는 최소한의 인원은 있어야 한다. 그동안에는 제2부속실이라는 이름으로 비서관과 행정관들이 대통령 배우자를 위한 의전과 행사 기획, 각종 비서 업무 등을 맡아 보좌해왔다.

현재까지 공식적으로 나와 있는 대통령 배우자의 역할은 대통령 내외 공식 일정 수행, 대통령 해외 순방 동행 및 방한 외빈 접견, 청소년 및 여성 관련 행사 일부 참석이다(국회 예산결산특별위원회 이성권 위원 요구 자료). 이런 역할들을 수행하려면 공적인 보좌와 지원이 필요하고 그렇기에 비서실 내에 대통령 배우자를 보좌하는 제2부속실을 두었던 것이다.

제2부속실은 정부에 따라 인원이 달라졌는데 특별히 몇 명이 있어야 한다는 규정이 있는 것은 아니다. 대통령비서실 직제에서 조직과 직무 범위, 인원 등을 규정하고 있지만 대통령에 따라 새로운 조직을 만들기도 하고 없애기도 했다. 즉 대통령비서실의 조직은 상황에 따라 유동적으로 조절이 가능하다. 그렇기에 윤석

열 대통령도 비서실 직제에 따라 제2부속실을 편하게(?) 없앨 수 있었던 것이다.

문재인 정부 청와대에서 대통령 배우자를 보좌하는 역할은 과거 정부에서처럼 제2부속실에서 담당했고 언론 대응과 배우자의 브리핑 등은 부대변인이 맡았다. 제2부속실은 대통령을 직접 보좌하는 제1부속실과 함께 비서실장 산하의 실이 아니라 대통령 직속 조직이었다. 문재인 정부 청와대는 비서실, 안보실, 정책실 3개 실과 부속실과 같은 직속 조직이 있었는데, 각각의 실 하부에는 여러 수석실이 있고 수석실 하부에는 비서관실이 있다. 그래서 비서관실, 수석실, 실장실 체계로 상부에 보고되어 최종적으로 대통령에게 보고된다. 그러나 제1부속실과 제2부속실은 직속 조직이라 바로 직접 보고가 가능하다. 그만큼 대통령과 대통령 배우자를 가깝게 보좌하는 곳이다.

청와대에 근무하는 대통령 비서진들은 흔히 "우린 입이 없다"라고 말하곤 한다. 국정 운영의 컨트롤 타워이다 보니 업무상 취득한 정보들이 매우 민감한 경우가 있다. 그리고 대통령의 말씀 등이 토씨 하나로 왜곡될 수 있기에 가급적 말을 삼가고 특히 업무상 취득한 정보 등은 절대로 발설하면 안 된다. 그래서 대통령 비서진들은 자신을 '귀'만 있고 '입'이 없는 사람들이라고 스스로 일컫기도 한다.

하다못해 대통령을 지근거리에서 밤낮없이 보좌하는 부속실 사람들은 아예 목소리도 없는 사람처럼 살게 된다. 점심 식사도 가급적 특별한 일 없으면 경내에서 하고 외부와의 만남도 거의 하지 않는다. 특히 언론과의 접촉은 더욱 조심한다. 거의 접촉을 안 한다고 해도 과언이 아니다. 철저하게 보안에 신경을 쓰고 관리한다.

제2부속실은 제2부속실장이라고 하는 비서관과 몇 명의 행정관, 행정 요원으로 구성돼 있다. 대통령 배우자의 활동을 보좌하는 것이 제2부속실의 역할이다. 대통령 배우자도 대통령만큼 정치·사회적 영향력이 있기에 모든 행사를 참여할 때 매우 세심하게 기획하고 진행한다.

우리나라에서는 대통령 배우자의 역할 대한 기대치가 시대에 따라 조금씩 달랐다. 정치와 거리를 두고 내조에만 전념하기를 기대할 때가 있고 사회적 약자들을 대변하며 사회봉사를 하는 역할을 기대할 때도 있고 대통령에게 적극적으로 의견을 피력해 국정 운영에 도움을 주는 역할을 기대하는 때도 있었다. 공식적 역할에 대한 규정이 없기 때문에 대통령 배우자의 역할에 대한 국민적인 기대는 매번 바뀐다. 그래서 제2부속실 직원들은 남모르는 고통을 겪는다.

일테면 여론의 향방을 살펴 매우 예민하고 조심스럽게 대통령 배우자의 행사 일정과 메시지 방향, 메시지 내용, 의상까지 고민한다. 김정숙 여사가 참석하면 아무래도 행사 자체가 많은 언론의 관심을 받게 되기에 행사에 참석해달라는 요청이 많았다. 직접 참석하기 어렵다면 영상 메시지나 축하 편지 등을 받고 싶어 한다. 하지만 요청하는 모든 행사에 참석하거나 메시지를 줄 수 없다. 어쩌면 대통령이 참석하는 행사보다 더 사회의 분위기나 여론을 살펴보고 결정한다. 결코 대통령보다 한 발짝 나아가서는 안 되고 그렇다고 잠자코만 있을 수 없기에 그 조절을 면밀히 살펴야 한다. 그래서 때로는 장시간 준비했던 일정을 하루아침에 취소하기도 한다.

2020년에는 코로나19가 유행하면서 대통령 내외의 일정이 축소되거나 취소되는 경우가 많았다. 그 당시 청년 문제에 관심이 많던 김정숙 여사를 위해 비서진은 청년들과 함께해 그들의 어려운 상황을 경청하고 공감하는 형식의 행사를 기획하고 있었다. 대략 그런 방향으로 일정을 기획해 실무진에서 행사를 기획하고 아이디어를 수집하고 있었는데, 문대통령 일정도 대폭 축소된 마당에 김여사가 단독으로 일정을 수행하는 것이 국민 감정상 좋지 않을 수 있다는 우려의 의견들이 있었다. 행사 취지가 매우 건전하고 사회적으로도 필요했지만 고심 끝에 일정을 전면 취소했다. 코로나19 확산이 심각한 기간에는 김여사는 주로 영상 메시지 중심으로 일정을 소화했다. 그 기간에 김여사가 애정을 갖고 꼭 참석하려 했던 행사들도 영상 메시지로 대체했던 경우가 빈번했는데 그럴 때마다 여사는 매우 아쉬워했다. 나도 비서진으로서 안타깝게 생각했던 부분이다.

## 대통령 배우자가 불러온 국가적 리스크

대통령 배우자가 엄연히 있는데 형편에 따라 그를 보좌하는 조직을 없애 시스템을 흔드는 일은 대통령과 대통령 배우자를 위해서도, 국민을 위해서도 바람직한 결정이 아니다. 배우자의 역할을 아무리 최소화한다 하더라도 대통령 배우자는 공적 일정을 수행할 수밖에 없고 대통령 업무를 상호 보완하기 때문에 오히려 촘촘하고 면밀하게 보좌해야 한다.

제2부속실이라는 조직 자체를 폐지하더라도 '배우자 보좌'라는 고유 업무는 어딘가 다른 조직의 부서와 참모진이 맡게 되는 것이 뻔하다. 그렇게 공식적으로 지정된 조직이 없이 운영되다 보면 업무에 혼란을 줄 수 있고 메시지 등도 흐트러지며 실수가 나올 가능성이 커진다. 오히려 대통령 배우자의 역할을 강화하는 게 세계적 추세다. 그렇기에 우리나라도 대통령 배우자가 역할을 제대로 잘할 수 있게 뒷받침하는 법적 기반을 만들어야 한다는 주장이 나오기도 한다.

윤석열 대통령이 취임하고 제2부속실을 없앤 이후 대통령 배우자의 공식 행사 등에서 공식 비서진이 아니라 김건희 여사와 사적 관계가 있는 민간인이 보좌하는 일이 계속 발생하고 있다. 참으로 심각한 일이 아닐 수 없다. 국가 운영에서 대통령 배우자의 역할이 엄연히 존재하는데, 이를 자의적으로 축소하거나 폐지하는 것이 현명한 결정이 아니었음을 우리는 직접 목격하고 있다.

제2부속실이 하루아침에 없앨 만큼 쓸데없는 조직이었다면 역대 정부가 수십 년에 걸쳐 기틀을 다지고 다듬지는 않았을 것이다. 대통령과 대통령 배우자의 형편에 따라 그간 시스템으로 자리 잡아온 조직을 자의적으로 축소하고 폐쇄하면 그 리스크는 대통령과 대통령 배우자를 넘어 대한민국과 국민에 전가될 수 있다. 급기야 곳곳에서 사고가 터지고 있다.

2023년 7월 온 나라가 집중호우로 큰 고통을 겪고 있을 때 대통령 배우자가 해외 순방에 동행해 고가품 매장을 수행원들과 함께 찾았다. 대통령실은 '직원의 호객 행위로 매장을 방문했다'는 기가 막힌 해명을 내놨다. 대통령 배우자는 쇼핑할 의사가 없었는데 상인의 호객 행위에 이끌려 명품 매장에 들어갔다는 말이다. 여당은 명품 매장에 들어가기는 했지만 사지는 않았다는 점을 강조했다. 사지 않고 구경만 했다면 문제가 안 되나?

국민의 세금을 들여 공식 방문한 대통령 일정에 사적인 시간이라는 게 있을 수 없다. 심지어 수행원들마저 어디 가서 조그만 선물 하나 사지 못한다. 일정이 없는 시간에 갔다고 하지만 대통령의 일정은 일정이 없다고 없는 게 아니다. 계속 모니터링하고,

국내 상황을 점검하고, 메시지를 정리하고, 다음 일정을 체크해야 한다. 배우자 자신도 이것저것 공부하고 준비할 게 많다. 그런 와중에 어떻게 수행원 16명을 대동하고 매장 5곳을 돌아다니나? 출국할 때는 환경 보호 메시지가 담긴 에코백을 들고 갔다가 순방 국가에선 명품 쇼핑을 하는 모습을 국민이 이해할까?

이제 국민은 더는 대통령실의 메시지를 신뢰하지 않는다. 호객 행위 때문에 매장에 들어갔다고 말하는 것 자체가 국민을 무시하는 처사다. 어떤 국민이 그 말을 듣고 '대통령 부인이 길 가다가 잡혀 들어갔구나' 생각하겠나. 16명이나 되는 경호원과 보좌진이 있는데 어떻게 대통령 배우자가 호객을 당하게 놔두겠나. 어떻게 그런 말을 국민을 향해 할 수 있나.

문제의식이 없다는 게 더 큰 문제다. 대통령 배우자가 매장에 가겠다고 해도 말리는 게 2부속실의 역할이다. "여사님, 이러시면 큰일 납니다"라며 말렸어야 하는데 그런 책임을 진 사람도 시스템도 없었다는 것이다.

게다가 팩트 체크를 지금까지 제대로 해준 적이 없다. 국민이 여러 의혹에 대해 궁금한 점을 물어봐도 대통령실이 명확히 설명한 적이 없다. 1조 8천억 원에 달하는 국가 세금이 들어가는 국가 기간 사업이 갑자기 영문도 모르게 종점이 휘는데 그 고속도로의 종점에는 대통령 처가의 땅이 대량으로 존재한다. 이제는 아예 고가품 핸드백을 수수하는 정황이 드러난 영상까지 나왔다. 제2부속실과 민정수석실이 없고 특별감찰관도 없는 상황에서 대통령 가족을 견제할 장치가 없어 보인다. 그야말로 대통령 배우자 리스크가 곳곳에 산적해 있다.

우리가 어느 순간 윤석열 정권이 하는 일에 대해 덤덤함이 생겼지만 정권 말기에도 일어날 수 없는 기막힌 가족 리스크가 현재 벌어지고 있다. 도대체 왜 집권을 했을까. 개인적 욕망을 채우기 위해 집권한 것이 아니라면 일련의 사태들은 용납되지 않는다. 국민들은 말없이 지켜보고 있다.

## 부대변인 활동을 끝으로 사직

2021년 11월 말 나는 청와대를 사직했다. 대선을 겨우 6개월 남긴 시점이었다. 왜 그 시기에 사직했는지 묻는 분들이 많았다. 여러 사유가 있으나 내 마음에만 담아두려 한다.

윤석열이라는 희대의 후보를 부끄러움 없이 내세우는 국민의 힘의 태도를 보고 정말 부끄러움이 없는 것이 정치라는 것을 알게 됐다. 사실 민주당이나 그 진영에서 반성해야 하는 지점이 윤석열이라는 희대의 아이콘을 정치권으로 끌고 와 결국 최악의 대통령으로 만든 것이다. 두고두고 깊이 생각하고 반성해야 한다고 본다.

청와대에서 부대변인으로 활동하는 동안 청와대 출입기자들과 많은 소통을 했다. 나는 사람을 만날수록 에너지가 솟는 타입이라 때론 외로웠던 그 시절 출입기자들을 만나 커뮤니케이션하는 것이 업무이자 동시에 산소호흡기 같기도 했다. 청와대 출입기자들은 기본적으로 출입처에 대한 애정이 존재한다. 그리고 최대한 관계자와 소통하기 위해 노력하고 서로의 노력을 결국 인정한다.

시간이 조금이라도 나면 춘추관으로 가 기자들과 대화를 나누곤 했다. 의도적으로 한 행동이 아니라 기자들을 만나 어떤 이슈가 중요한지, 우리가 깨달을 점이 무엇인지 등을 파악하려고 했다. 기자들도 코로나19로 제약이 많아 힘들 텐데 청와대 안에서 편하게 의견을 나누고 자유롭게 교류하자는 의미도 있었다. 또 기자들과 위아래 격의 없이 지낼 수 있는 나이라 서로가 편하고 애틋한 마음으로 지냈다. 지금도 여전히 그때의 인연을 이어가고 있다.

## '아무것도 하지 않은 죄'

'처절하게 촛불을 들어 만든 정부를 뺏기면 절대 안 된다.' 그것이 내 자신의 유일한 사명이었다. 우리 국민들이 마른 걸레를 쥐고 손목이 부서질 듯 짜내어 겨우 만든 촛불 정부를 어떻게 다시 빼앗길 수 있나. 절대 그런 일이 일어나면 안 되고 그런 일이 없게 무엇이든 해야겠다는 생각이 들었다. 청와대에서 근무할 때는 고위 공직자로서 정치적 중립을 지켜야 했기에 마음은 답답해도 선뜻 전선에 나설 수 없었다.

역시 나는 그저 마음에서 울리는 소리에 따라 행동하는 것이 맞는 사람이다. 대선 당시 윤석열 후보를 볼 때마다 매일같이 촛불을 든 우리 국민들이 배신당한 듯한 기분을 느꼈다. 마치 우리 편인 양 위장해 본인의 실리를 채우고는 뒤돌아서서는 언제 그랬냐는 듯 얼굴색 하나 안 바뀌던 사람. 도무지 내 상식으로는 용서할 수 없었다.

어떻게 이런 최악의 정권을 마주할 수 있을까, 왜 반성하지 않을까, 왜 싸우지 않을까. 근본적인 문제가 이 질문에서 시작됐다. 이런 정권이 집권하게끔 만든 일말의 책임이 우리에게 있지 않나?

국민들 앞에 너무나도 죄송한 마음이 들었다. 피곤한 일과를 마치고 매일 밤 촛불을 밝히며 박근혜 대통령을 탄핵에 이르게 한 것은 정치인들이 아니라 국민들이다. 국민들이 모아준 힘으로 정권 교체를 이뤘는데 그걸 고스란히 내어줌으로써 민심을 포기한 것이다. 국민들에 진 빚을 갚기 위해 반성하고 혁신해야 하는 것 아닌가. 잘못이 있다면 반성하는 것이 옳지 반성 자체를 해서 뭘 하느냐 식으로 묻는다면 해답은 없다. 잘못의 원인을 내가 아니라 다른 곳에서 자꾸 찾아내려 한다면 그 귀결은 멸망일 것이다.

아무 말도 하지 않으면 아무 일도 일어나지 않는다. 아무 말도 하지 않고 아무 일도 하지 않는 사람은 그냥 계속 아무 말도 하지 않고 아무 일도 하지 않으면 된다. 귀결은 멸망일 테니.

## 이재명 대통령 후보 선대위 대변인

　청와대를 그만두고 가족과 시간을 보내며 오랜만에 찾아온 여유를 즐기고 있었다. 20대 대선이 닥쳐 이재명 대통령 후보 캠프에서도 몇몇 역할에 대한 오퍼가 있었다. 일단 며칠간 쉬면서 차분히 미래를 구상하고 싶었다. 갑자기 친하게 지내던 방송국 기자에게서 전화가 왔다.

　"선배가 민주당 대선 캠프에 선대위원장으로 간다는 이야기가 있던데요?"

　난생처음 듣는 이야기였다. 그런 제안을 받은 적이 없을 뿐 아니라 그런 무거운 자리가 어찌 감히 내게 주어질 수 있겠나. 사연을 취재해보니 대선 캠프 선대위원장에 아이가 있는 3040 워킹맘이 임명되리라는 이야기가 돈 모양이다. 여러 언론사에서 정보를 수집하기 위해 안테나를 돌렸고 그 과정에서 정치권에서 활동하는 3040 워킹맘 중 유력한 몇 명을 후보군으로 생각했다고 한다. 마침 내가 청와대에서 사직한 지 얼마 안 된 상황이었기에 단순히 추측한 것이 소문으로 번진 것이다. 이후 나는 이재명 대통령 후보 선대위 대변인으로 대선에 뛰어들었다.

보통 청와대 부대변인 출신이라 하면 말을 엄청나게 잘하리라고 생각한다. 당 대변인은 여러 정치 현안에 대해 날선 비판을 해야 할 때가 많아 말 재주가 필요하지만 사실 청와대에선 말을 아끼는 게 습관이 돼야 한다. 지금은 내가 '사이다'로 평가받고 있지만 청와대 시절에는 2년 가까운 시간 동안 말을 아끼고 자기검열을 견뎌야 했다.

대선 후보 캠프 대변인을 하면서 나는 주로 정책 이슈를 다뤘다. 내 명의로 나가는 브리핑은 정책 이슈 시리즈로 발송했다. 청와대 출신이기도 했지만 실물경제를 다룬 전문성을 인정받아 대변인단 중 거의 유일하게 브리핑 시리즈를 기획해 송출했다. 다음은 대선 후보 대변인으로서 내보낸 첫 브리핑이다.

### ■ 서민 중산층에 힘이 되는 경제대통령, 이재명은 합니다

이재명 후보는 지난 서울대 금융경제세미나 초청 강연에서 "금융감독원에서 조사한 사채업자의 평균 이자율이 400퍼센트에 육박하고 금융에서 분류하는 저신용자는 특히 경제 취약층, 저소득자가 많기에 저신용으로 인해 대출에 어려움이 있다"고 말했습니다.

시중은행에서 대출을 받을 수 없는 저신용자들이 불법 사금융에 내몰려 하루아침에 삶이 도탄에 빠지는 것을 막아야 하기 때문입니다.

정부는 지난(2021년) 3월 개정안(대부업 등의 등록 및 금융 이용자 보호에 관한 법률, 이자제한법)을 의결했습니다. 그동안 저신용 대출자의 부담이었던 법정 최고 금리를 인하하고 이자 부담으로 삶이 어려운 서민의 어려움을 덜어주기 위함이었습니다.

그러나 아직 부족합니다. 코로나19 장기화로 경제 취약층, 저소득자의 생계 어려움은 급속히 악화되어왔고 양극화도 더욱 심화됐습니다. 초유의 팬데믹 상황에서 상대적으로 부족한 국가 지원 대신 가계가 고스란히 빚을 떠안은 결과입니다.

어제(2021년 12월 9일) 금융감독원장은 은행연합회와의 간담회에서 지금 문제가 되는 과도한 예금과 대출 금리 차이의 문제를 인지하고 원인을 분석해 필요한 경우 시정 조치를 하겠다고 밝혔습니다. 금융 소비자의 권리가 제대로 작동되는지 점검하겠다고 덧붙였습니다.

뉴노멀의 시대는 과거와 다른 해법을 요구하고 있습니다. 서민과 실수요자 보호를 중심으로 하는 세밀한 금융 정책으로 금융 약자인 서민과 중산층에 힘이 될 수 있도록 하겠습니다.

정치의 역할은 민생을 챙기는 것이고, 민생의 핵심은 경제를 회복시키는 것입니다.


이후 '윤석열에게 묻습니다'라는 시리즈 브리핑으로 윤석열 후보 공격의 선봉장에 섰다. 주로 윤석열 후보가 했던 말 중 모순되거나 국민의 상식과 어긋나는 부분을 잡아내 지적하는 내용이었다.

임세은 식당으로 오세요

### ■ 윤석열 후보에게 묻습니다 1

대한민국의 미래와 국민의 삶을 위해 민주당은 국민의힘 윤석열 후보에게 묻습니다.

대선 후보로 나섰지만 토론을 기피하는 윤석열 후보입니다. 답하려 하지 않을 것입니다. 그래도 계속 묻겠습니다.

윤석열 후보는 지난 관훈토론 당시 "150만 원만 줘도 일하겠다는 사람이 많다. 그것을 못 하게 하면 어떻게 하나"라고 최저임금제를 위협하는 발언을 했습니다. 그동안의 실언에 이은 이날 발언은 윤석열 후보의 노동에 대한 기본적 인식을 짐작하게 합니다.

최저임금은 노동을 영위하면서 생활하기 위한 최저한으로, 헌법에도 명시돼 있는 국민의 기본권입니다. 따라서 윤후보의 발언은 국민에게 보장되는 기본권마저 침해하겠다는 것이라 생각되는데 이에 대한 윤후보의 입장은 무엇입니까?

2022년 기준으로 시간당 9160원으로 주 40시간 근무한다고 하면 월 환산 최저임금은 191만 4000원입니다. 법적으로 최저임금을 지불하지 않는다면 사업자는 3년 이하의 징역이나 2천만 원 이하의 처벌을 받게 됩니다. 윤석열 후보가 말하는 '150만 원'이라는 기준은 도대체 어떤 산식을 기준으로 한 것입니까?

한국노총에서 매년 발표하고 있는 표준생계비(표준 계층의 근로자가 표준적 생활을 영위하는 데 필요한)만 해도 4인 가족 기준

600만 원(2021년 기준)입니다. 윤후보가 주장하는 것처럼 가장 혼자 150만 원을 번다고 가정하면 그 가정이 제대로 생활할 수 없을 수준입니다.

윤석열 후보는 한국노총을 방문해 "사람의 노동 가치가 제대로 인정받을 수 있도록 하겠다"고 약속했습니다. 윤석열 후보에게 마지막으로 묻습니다. 노동 가치가 제대로 인정받을 수 있도록 무엇을 어떻게 하시겠습니까?

■ **윤석열 후보에게 묻습니다 2**

국민의힘 윤석열 후보는 경제 단체들과 만날 때마다 말로는 경제성장을 강조합니다. 경제성장이 구호로 이뤄지면 얼마나 좋겠습니까? 성장을 말하지만 실천 방안은 들어보지 못했습니다. 구체적인 청사진이 제시된 적도 없습니다.

명색이 대한민국 미래를 책임질 대선 후보인데 경제에 대한 청사진이 없다니요. 답답합니다.

4차 산업혁명으로 산업 기반의 근본이 변하고 있습니다. 이에 더해 코로나19 팬데믹은 산업과 경제에서도 과거와 다른 프레임과 접근 방식을 요구하고 있습니다.

이제 전통적인 거시경제 정책뿐 아니라 실물경제, 특히 경제의 동맥과도 같은 자본시장 육성 방안에 대한 대책도 필요합니다. 바야흐로 '주식 투자자 천만 시대'입니다.

이재명 후보는 경제성장과 서민 경제 활성화까지 미래를 이

끌 경제 정책과 공약을 착실히 발표해왔습니다. 특히 "공정한 질서를 확립해 주식시장을 신속히 정상화하고 주가지수 5000 시대를 열어 대기업과 중소기업들이 균형을 맞추게 하겠다"고 약속했습니다. 한국 주식시장의 신뢰도와 가치를 인정받기 위해 MSCI(미국 투자은행인 모건 스탠리가 발표하는 세계 투자 지수) 선진국 지수 편입을 위해 노력하겠다고 했습니다.

이는 선진국으로 진입한 한국 경제의 위상이 자본시장에서도 재평가되는 기회가 될 것이고 자본시장의 신뢰도를 높여 외국인의 투자가 좀 더 활성화되는 계기가 될 것입니다.

개미 투자자 보호를 위해 시세 조종과 주가 조작 등 자본시장 불공정 거래 행위를 엄정히 단속하고, 공매도 제도를 개선하고 외국인과 개인 투자자 간 차별을 금지해 공정한 투자 환경을 만들어갈 것입니다.

우리 경제가 새롭게 모멘텀을 만들고 지속 가능한 성장을 위해서는 자본시장의 저변이 확대되고 공정하고 공평한 투자가 활성화돼야 하기 때문입니다. 당연히 정부 정책의 방향성과 청사진이 중요합니다.

국민의힘과 윤후보에게는 이런 정책과 청사진이 보이지 않습니다. 윤후보는 자본시장 활성화에 대한 비전이나 정책이 있습니까? 투기나 조작으로 생긴 자본시장의 불공정을 해결할 구체적인 계획은 있습니까? 주가 조작으로 인해 피해를 본 개인 투자자들을 보호할 방법이 있습니까?

한 번이라도 고민했다면 그 답을 주기 바랍니다.

## ■ 윤석열 후보에게 묻습니다 3

윤후보 배우자의 형편에 따라 청와대 시스템을 흔드는 것은 안 됩니다.

윤후보는 최근 인터뷰에서 "대통령 부인은 대통령 가족에 불과하고 집권시 청와대 제2부속실을 폐지하겠다"고 했습니다. 이에 더해 윤후보 선대위는 '대통령 배우자 지원 제한 규정'을 추진한다는 보도가 있었습니다.

배우자를 보좌하는 제2부속실 폐지에 이어 역할도 줄이겠다고 공언하는 셈인데 윤후보의 발상에 실소를 금할 수 없습니다.

지금 애먼 청와대 제2부속실이 문제가 된 것은 누가 봐도 김건희 씨의 허물을 가리기 위함입니다. 정작 국민 미래를 위한 공약 발표는 뒷전이고 부속실 폐지가 마치 국민의힘 제1 공약인 것 같습니다. 선대위마저 적극 발맞추고 있으니 말입니다.

전문가들은 윤후보의 주장에 근본적인 의문을 제기합니다. 제2부속실이 폐지되더라도 '배우자 보좌'라는 고유 업무는 새로운 부서가 맡게 될 것이 뻔하며, 배우자는 대통령의 업무를 상호 보완하기 때문에 국민의힘의 주장이 실현될 수 없다고 말합니다.

대통령 배우자는 대통령과 동행해 일정을 수행하고 대통령

임세은 식당으로 오세요

을 대신해 일정에 참여하기도 합니다. 외교 활동에서도 배우자의 역할은 중요합니다. 대통령 배우자는 국빈으로 초청받아 문화와 종교, 교육 등의 다양한 일정을 소화하고 재외 동포 격려 등의 주요한 역할도 수행합니다.

오히려 퍼스트레이디의 역할을 강화하는 세계적 추세에 따라 우리나라도 배우자의 역할을 제대로 뒷받침할 수 있게 법적 기반을 만들자는 주장이 나오기도 합니다.

윤석열 후보에게 묻습니다. 국가 운영에서 대통령 배우자의 역할이 엄연히 존재하는데 이를 자의적으로 축소하거나 폐지하는 것이 옳습니까? 김건희 씨의 허물을 덮기 위해 국가 시스템을 '내 맘대로 개편'하는 것이 윤석열 후보가 말하는 상식입니까? 그렇다면 국제적 관례로 진행되는 외교 현장에서 대통령 배우자의 기능과 역할을 어떻게 수행할지 구체적 방안을 답해주기 바랍니다.


이재명 대통령 후보 선대위에서는 선거 자금을 모집하는 펀드를 만들고 있었는데, 디지털에 특화된 후보 특유의 장점을 살려 당시 매우 파격적인 시도를 했다. 바로 펀드와 NFT를 결합한 펀드를 만들었다. 전무후무한 시도였다. 당시 나도 그 펀드에 함께 참여했던 일원으로 브리핑을 했다.

## ■ 이재명 후보의 국민 참여 펀드가 (2022년) 2월 9일 수요일에 출시됩니다

국민 참여 펀드는 2012년 '문재인 담쟁이 펀드'라는 이름으로 처음 시작됐습니다. 국민에게 빌린 깨끗하고 투명한 정치자금을 선거 기간 동안 사용하고 원금과 약정 이자를 선거 후에 돌려주는 방식으로 깨끗하고 투명한 정치자금의 시작을 알린 바 있습니다.

이번에 출시하는 '이재명 펀드'는 더 특별한 의미를 담았습니다. 국민에게 자금을 빌리고 원금과 이자를 돌려주는 기존 방식은 동일합니다. 이에 더해 선대위 캠페인 플랫폼 '재명이네 마을' NFT 거래소에 참여하게 되면 투자자들에게 펀드 참여 증서가 내장된 NFT 이미지가 별도로 제공됩니다.

NFT 이미지는 이재명 후보의 정책과 비전을 알리는 일러스트로 제작됐습니다. 또 고유번호를 배정하므로 세계에서 단 하나밖에 없는 나만의 NFT가 될 것이며, 이는 투자자 개인의 디지털 지갑으로 보내져 소장할 수 있게 됩니다. 이재명 후보가 대통령으로 당선된다면 투자자 각자에게 더 큰 가치와 자부심으로 남을 것입니다.

이재명 펀드는 목표 금액 350억 원, 모집 회차별 2만 2천 명까지 참여할 수 있습니다. 1차 펀딩에서 목표 금액이 채워지면 펀딩은 더 이상 진행되지 않습니다. 금액별로 비례해 배정되는 공모주 방식이며 원금과 이자는 연 2.8퍼센트 금리로 계산되어 선거 이후 70일 이내에 환급될 예정입니다.

깨끗하고 투명한 정치자금으로 이재명 후보가 국민과 함께 새로운 대한민국을 만들어가겠습니다. 민생 제대로, 경제 앞으로, 든든한 경제 대통령 이재명을 만드는 힘!

이재명 펀드에 많은 관심과 참여 부탁드립니다.


이외에도 우리 청년들이 관심이 많은 e스포츠에 대한 지원 약속을 언론에 알렸다.


## ■ e스포츠가 주요 프로 스포츠 산업으로 성장할 수 있도록 하겠습니다

지난해(2021년) 말 e스포츠가 대한체육회 정식 종목으로 채택됐습니다.

이재명 후보는 이에 대해 축하의 인사와 함께 e스포츠 산업을 제대로 성장시키겠다고 약속한 바 있습니다.

청소년은 물론 많은 국민이 일상생활에서 즐기는 게임은 이제 국민 모두의 문화 컨텐츠가 됐습니다. 대한체육회 정식 종목이 된 만큼 게임이 유해하다는 식의 과거 일방의 잣대로만 평가할 것이 아니라 이제는 새로운 시각과 뒷받침이 필요합니다. 디지털 대전환의 시대, 게임 산업이 대한민국의 강력한 성장 엔진이 될 수 있도록 적극 지원하겠습니다.

한국 게임의 세계 점유율은 현재 6.9퍼센트로 미국, 중국, 일본에 이어 세계 4위를 기록했습니다. 2020년 한국 게임 수출

액은 81억 9356만 달러로 2019년 대비 23.1퍼센트 증가했고, 2021년은 20조원을 돌파하리라 예상됩니다.

무엇보다 한국은 전 세계가 인정하는 e스포츠 강국입니다. 실력이 국제무대에서도 그 빛을 발하는 만큼 e스포츠와 관련된 제조, 유통, 시설, 서비스, 관광 등 연관 산업의 동반 발전도 기대됩니다.

또 이에 발맞춰 게임 이용자의 권익을 보호하고 게임 개발자의 노동환경 등을 개선하는 등 게임 산업의 경쟁력 강화 방안에도 만전을 기하겠습니다.

e스포츠가 공인된 스포츠로 자리 잡을 수 있게 스포츠단 구성과 경기장 개설, 중개 시스템 등도 정비해나가겠습니다. e스포츠 선수를 위한 스포츠단 창설을 위한 지원도 아끼지 않겠습니다.

대한민국의 미래 먹거리 산업인 게임 산업과 e스포츠가 경제 발전에 큰 역할을 할 수 있게 이재명 후보와 더불어민주당이 뒷받침하겠습니다.


캠프의 시간은 매일매일 치열했다. 나는 낮에는 민주당을 출입하는 기자들을 만나 캠프의 공식 메시지와 이재명 후보를 홍보했다. 저녁에는 각종 단체들을 만나 후보 지지를 호소하고 절대로 정권 교체가 될 수 없음을 절절히 이야기했다. 그리고 틈나는 대로 여러 방송에 출연해 민주당과 이재명 후보의 입장을 국민에게 알렸다. 미디어펜과의 인터뷰(2021.12.26.)에서 이후보의 서민적 면모를 부각한 것도 기억난다.

"나도 청와대에 있었을 때와 지금 이재명 후보에 대해 알게 된 것이 달라졌다. 문재인 대통령은 '젠틀 재인'이라고 불릴 정도로 인간적인 매력을 보이지만 이후보는 다르다. '불도저같이 하면 한다', '이재명은 합니다'라는 모토에서 드러나는 강한 리더십 속에 인간적인 매력이 묻어난다. 임기응변도 뛰어나다. 이재명 후보는 정말 서민이다. 청와대 내부에서 대통령을 (청와대의) '대장'이라고 친숙하게 일컫는데, 처음에는 과연 그가 대장이 될까 하는 의구심이 들었지만 그 의구심은 완전히 사라졌다. 이후보는 국민들이 겪은 경험들 대부분을 해왔기 때문에 자연히 거기에 대해 공감도가 있다. 대통령 자격의 가장 큰 덕목 중 하나가 공감 능력이라고 본다. 반대로 저 사람(윤석열 후보)은 과연 이 나라를 대표하는 국가 원수가 될 수 있겠냐 하는 의구심이 하나씩 증명되고 있다. 이재명 후보의 경우는 '될 수 있겠다'라는 증거를 하나씩 만들어나가고 있다.

오히려 세간에 많이 알려지지 않은 게 있었다. 최근 유튜브 'G식백과'와 와이즈넛(주식 거래 앱) 토론방에 나가서도 본인의 견해와 식견을 맘껏 드러냈다. 'G식백과'에 출연해서는 게임에 대한 철학과 비전을 밝혔다. 본인이 게임을 많이 해봐서 게이머들의 마음을 잘 알고 있다. 단순히 표를 얻기 위해 쇼를 하는 게 아니다. 본인이 정말 많이 경험했다. 또 토론을 본 수많은 투자자들이 주식에 대해 저렇게 박식한지 몰랐다는 평이 많았다. 내가 증권맨으로 알았던 것보다 더 많이 알고 있다."

내 첫 방송은 라디오 BBS 출연이었는데 지금 생각해보면 이른바 공무원 물이 덜 빠진 느낌으로 방송을 했던 것 같다. 이후에는 TV조선이라는 이름만 들어도 민주당 쪽에서는 무서운 곳에서 생방송을 했다. 그때 모습을 보면 부끄러워 몸을 둘 곳이 없다. 지금은 카메라가 어디를 비추고 있고 시선을 어떻게 처리해야 하는지 노하우가 생겼지만 첫 방송에서는 흔들리는 동공과 떨리는 말투가 오롯이 느껴진다. 그래도 방송 데뷔를 험난한(?) 곳에서 한 것은 큰 소득이다. 그 덕분에 맷집도 생겼고 방송 시스템에 대한 이해도 생겼다. 실제로 아무리 우리가 TV조선 이야기를 해도 그곳에서 근무하는 작가와 PD, 심지어 진행자도 때론 나를 응원하기도 하고 우리의 처지를 이해해주곤 했다. 나는 그 방송사가 지향하는 지점과 완전히 반대되는 지점에 있는 사람이기는 하지만 늘 친절하고 인격적으로 잘 대해주던 그분들에 대한 좋은 기억이 있다.

　　　　　　　　　　　　　　　　　　　임세은 식당으로 오세요

## 모든 것을 바쳐서라도 반드시

　정말 너무나도 절실하게 민주당 정부가 재집권하기를 바랐다. 잠이 안 올 정도로 꼭 이재명 후보를 대통령으로 만들고 우리 민주당이 재집권하기를 염원했다. 이재명 캠프의 대변인으로 활동하는 동안 여러 경로를 통해 충격적인 소문을 많이 듣게 됐다. 극소수의 의견일 것이라 생각하지만 국민의 대의자인 정치인들이 본인의 안위에만 관심을 두고 특히 당이 어려운 시기에 자꾸 부정적인 이야기를 꺼내 갈등을 일으키는지…. 대선 기간 내내 '이게 내 선거라 해도 이렇게까지는 못 한다'고 할 정도로 오직 승리만을 목표로 온갖 힘을 다했다. 방송에 나가 싸우고 방어하고, 매일 여의도에서 기자들을 만나고, 우리를 지지할지 말지 고민하는 단체들을 만나 설득하는 일을 계속했다.

　아직도 생생히 기억하는 2022년 3월의 어느 날, 나는 개표 방송에 참석하게 됐다. 사실 초반 분위기는 매우 좋았다. 이재명 후보가 쭉쭉 나아가는 추세였다. '됐다' 싶었다. 거의 승리를 확신하는 분위기였고 나 또한 벅차오르는 감정을 애써 감춰야 할 만큼 흥분된 상태였다. 이재명, 민주당의 대통령을 만날 수 있다니 참으로 다행이고 기쁜 일이었다. 대변인으로 활동하고도 이재명 후보와 사진 한 번 찍지 못한 일을 한탄하며 '이재명 후보가 대통령이 되기 전에 사진 한 번 찍을걸' 하는 생각이 들 정도였다. 그런데 상황이 이상하게 돌아갔다. 격차가 점점 줄어들기 시작하더니 급기야 역전되는 사태가 발생했다. 실시간 생방송으로 개표 방송을 하고 있던 나는 너무나 당황스러웠다. 마음이 무너졌다.

결국 그렇게 됐다. 국민의 심판이자 선택이기에 어쩔 도리가 없지만 내게는 끔찍한 상황이었다. 게다가 지난 정부의 일원으로 일했기에 결과를 받아들이는 일은 더욱 참담했다. 안타까운 마음에 '국민은 어떤 기준으로 이런 선택을 했을까'를 다시 묻고 그러다 '오죽했으면 이런 선택을 했을까' 하는 자책과 반성으로 밤을 지새웠다. 며칠간 방에서 나오지 않고 끙끙 앓으며 마음을 다잡았지만 자고 일어나도 바뀌지 않는 현실이 너무도 괴로웠다. 외부와의 연락을 차단하고 나 자신을 가둔 채 생각했다. '내가 하루라도 빨리 캠프에 참여했더라면', '내가 그때 그렇게 말했더라면', '내가 그때 그런 사람들을 더 만났더라면' 묻고 또 물었다. 돌아보면 스스로를 고문하는 힘든 시간이었다.

내가 이렇게 괴롭고 힘든데 후보 당사자는 얼마나 힘들고 괴로울까. 대선이 끝나고 3월의 어느 날 이재명 후보에게서 문자메시지가 왔다. 고맙고 미안하다고. 그날은 하필 내 생일이었다. 괜스레 더 서러운 마음이 들어, 나는 또 울었다.

## 지금 이 상황이 정상인가?

2022년 10월 30일 이태원 참사 다음 날 현장을 찾은 윤석열 대통령은 참사가 일어난 해밀톤 호텔 옆 골목을 오르며 이렇게 말했다. "여기서 그렇게 많이 죽었단 말이야?" 국민들은 귀를 의심했다. '돌아가셨다'가 아니라 '죽었다'였다. 희생자들을 추모하는 마음이 조금이라도 있었다면 그런 말이 나오지 않았을 것이다. 사건 경위를 설명하는 서울용산경찰서장 등에게 또 물었다. "여기에 인원이 얼마나 있었던 거야?" 현장 관계자들 앞에서 그는 계속 반말투를 이어갔다. "압사? 뇌진탕, 이런 게 있었겠지." (2022.11.1. YTN '뉴스케치') 희생자와 유가족들의 가슴에 대못을 박는 발언들이었다.

국민들은 대통령의 그런 언행을 보고 정말 참담했다. 이태원역 앞에 마련된 추모 공간에 나와 조화와 편지들이 쌓인 사이를 매일 쓸고 닦고 구석구석 떨어진 포스트잇을 주워 정리하며 돌이킬 수 없는 그날의 아픔만을 생각하던 때였다. 행여 담배꽁초 하나 밟지 않고 주워 따로 챙겼다.

국민의 슬픔에 공감하지 못하는 대통령의 모습은 그해 8월 밤 쏟아진 집중호우로 세 명이 숨진 신림동의 한 다세대주택 현장을 찾았을 때부터 똑같았다. 그는 일가족이 살던 반지하집 창문 앞에 반질거리는 구둣발로 쪼그려 앉아 구경하듯 들여다봤다. 대통령실은 다음 날 그 현장 사진을 넣어 만든 카드뉴스를 홈페이지에 게재해 국정 홍보에 활용했다. 인간에 대한 예의가 조금도 보이지 않았다.

나는 윤석열 정권의 국정 운영 행태가 용납이 불가한 수준이라고 판단했다. 그래서 끝까지 싸우기로 결심했다. 이른바 전투 태세에 돌입했다. 누가 뭐라 한들, 겁 없이 날뛰는 정권과 어떻게든 결론을 봐야 할 것 같았다. 많은 이의 우려하는, 아니 배척하는 시선도 있었다. 전 정부 청와대 출신이 그렇게 싸우고 대립하면 되겠냐고.

하지만 지금 이 상황이 정상인가? 정부의 행태를 보고 있으면 무엇 하나 제대로 돌아가는 일이 없어 보인다. 정치의 본질이 더 나은 사회를 만들고 국민을 위하는 것인데, 뭘 자꾸 정무적이라는 이유로 기획하고 고치고 판단하고 하는지. 살면서 참아서 된 일은 하나도 없다. 그냥 마음 가는 대로 움직이자고 결심했다. 정권을 향해 아무런 비판도 하지 않고 침묵하는 이들은 지금 이 시대의 정치인으로서 자격이 없다고 생각한다. '지금이 정상입니까?'라는 물음에 어떤 답변을 할지.

## 더욱 치열하게, 민생경제연구소 소장

윤석열 정권은 출범 전부터 청와대를 옮긴다고 몽니를 부리더니만 결국 거액의 세금을 들여 대통령실을 용산으로 이전했다. 추후 들으니 여러 수상한 말이 나왔지만 지금까지 무엇 하나 명확히 밝혀진 게 없다. 그만큼 감출 것이 많고 수상한 정권임은 분명하다.

나는 집권 시작 전부터 지켜보며 '싹수가 노랗다'고 생각했다. 결국 지켜본 끝에 그들이 집권하고 100일이 지난 시점에 촛불을 들고 정권 퇴진 운동에 나섰다. 그 당시는 모두가 우려했다. 전직 정부의 고위 공직자이자 청와대의 상징일 수 있는 부대변인이 왜 이리 성급히, 시작하고 있는 정부에 대해 목소리를 높이느냐, 그게 과연 옳으냐, 혹은 지난 정부를 부담스럽게 하는 일이 아니냐는 우려가 있었다. 하지만 나는 내 갈 길을 갔다. 오히려 그런 목소리를 내게 전달하고 윤석열 정권을 옹호하는 듯한 발언이 비겁하다고 느꼈다. 그렇게 나의 윤석열 퇴진 운동은 시작됐다.

윤석열 정부는 대통령직인수위원회 시절부터 삐거덕거렸다. 청와대를 이전하겠다는, 말도 안 되는 이야기를 해댔다. 어떻게 가장 중요한 국가 시설의 이전을 그렇게 부실하게 처리할 수 있나? 이전 비용을 추산할 때도 그들은 이사비와 공사비 같은 직접 비용만 발표했지, 국방부 재배치 비용과 청사 주변 정비 비용 등 간접 비용은 넣지 않았다. 결국 대통령실을 용산으로 이전하는 데 천문학적인 비용이 들어갔다. 그런 보도를 접할 때마다 전직 청와대에 있었던 나로선 참담함을 금할 수가 없었다.

또 용산 한남동에 있는 외교부 장관 공관을 리모델링해 대통령의 새 관저로 사용하기로 했다. 이로써 외교부는 외빈을 맞을 공간이 부족해지면서 지금까지 곤란을 겪고 있다. 여러 의미에서 대단한 정부라고 말하지 않을 수가 없다.

## '임세은식당'

이 책의 머리말에서 '임세은식당'의 의미를 꽤 길게 풀어놓았다. 배고플 때면 편히 찾아가 다양한 메뉴를 맛볼 수 있는 따뜻한 식당, 불의에 맞서 싸우고 민생이 녹아든 정치를 꿈꾸는 거침없는 임세은 방식의 당, 그리고 그 식당과 당의 주인장인 '씩씩하고 당당한' 임세은.

이런 임세은식당 개업을 알리기 위한 졸저를 내어놓으며 유년기와 학창 생활의 에피소드를 적어 내려가다 보니, 내가 훌륭한 사회인으로 성장할 수 있었던 건 성장기 전부를 보낸 내 지역 관악과 이곳에서 함께한 이들과의 소중한 추억 덕분이라는 생각이 든다. 그야말로 천방지축 자유인인 내가, 그 타고난 모습대로 활발한 기운을 펼치며 자라온 공간과 동네의 따뜻한 얼굴들.

사회생활을 시작한 뒤 증권맨으로 활동하며 경제 전문가로 성장하는 동안 내가 겪어온 경제의 극단은 냉혹하고 차가웠다. 하지만 우연히 시민단체 활동에 참여하게 되면서 경제의 이면에 어두운 사회에 한 줌 빛이 되는, 따뜻한 경제가 존재함을 확인하게 됐다. 내가 가장 잘하는 일이 사회에 도움이 될 수 있다는 사실에 보람과 희망이 찾아왔다. 어떤 것과 바꿀 수 없을 만큼 나를 뜨겁고 벅차게 만드는 일이었다. 그래서 이것을 나의 사명으로 여겼다. 회사를 과감히 그만두고 안진걸 소장과 함께 민생경제연구소를 출범했다.

현장을 누벼 싸우며 역동적인 활동을 펼쳤다. 하지만 민생 경제를 위한 제안과 설득도, 권력층의 불법 비리를 파헤치는 것도 그 해결과 관철은 어김없이 정치를 통해야 했다. 결국 국회에 도움을 요청해야 했고 기득권은 곧 정치권력이었다. 그래서 생각했다. 나의 사명을 가장 빠르고 온전히 이뤄내기 위해 정치가 필요하다고.

정당 활동을 시작하고 당무에 관여하는 직을 맡은 다음에는 고위 공직자 신분으로 청와대에 들어갔다. 남들이 보기에는 그야말로 특급 승진의 길을 걸었다고도 할 수 있을 것이다. 하지만 나는 마음이 움직이는 대로 행동하는 사람이다. 기득권을 지키자고 벌벌 떨지 않을 자신이, 마음과 다른 일에 입바른 소리로 타협하거나 침묵하지 않을 자신이 있었다.

혹자들은 크고 막중한 자리가 주어질수록 내게 가만히 있기를, 상냥하고 조용해지기를 요구했고, 그에 따르지 않는 나를 보며 혀를 차기도 했다. 하지만 나는 그대로 나일 뿐 달라진 환경 때문에 달성하려는 사명을 포기하고 싶지 않았다.

자신의 삶과 가정에 책무를 다하며 정직하고 정의롭게 살아가는 보통의 국민들. 그런 국민들의 눈을 속이고 거짓으로 불법 비리

임세은 식당으로 오세요

를 일삼는 무도한 이들의 행패를 두고 볼 수가 없다. 직장을 그만 두는 순간부터 사회를 위한 삶을 살아가기로 결단했기 때문이다.

그래서 내 삶에는 '임세은식당'이 필요했다. '임세은식당' 개업을 시작으로 '임세은식 당'까지 함께할 많은 주민을 만나고 싶다. 내가 자라온 관악 지역에 본사를 둔 임세은식당이 언젠가는 전국 빙방곡 곡에 입소문이 번져 그 진가를 확인하러 오는 많은 국민을 만나고 싶다. 연중무휴 24시간 언제나 활짝 열린 임세은식당이 될 수 있게 격려와 응원을 부탁드리며 책을 마무리한다.

씩씩하고 당당한 임세은식당으로 오세요!

2019년 12월 더불어민주당 전략공천관리위원으로 참가한 제1차 회의.

2020년 1월 20일 더불어민주당 서울특별시당 청년대책특위위원장으로 참여한
청년당정협의회.

2020년 청와대 청년소통정책관으로 전국을 누빌 때.

KT

! 홍보전문가 발대식
인종 차별 멈춰야'

코로나19 특집

임세은 　청와대 부대변인

김정숙 여사의 행사 참석이 한국문화 홍보 전문가들에게
한국에 대한 애정을 더 가지게 되었길 바라며 한국문화가

청외대 부대인으로서 브리핑. 사진 KTV 국민방송 캡처

시사저널 선정 '2020 차세대 리더 100'에 뽑혔을 때 청와대 앞에서.

사진 시사저널 임준선

김정숙 여사를 수행하던 청와대 부대변인 시절.

2021년 9월 유엔 총회에 참석하는 대통령 순방길에 김정숙 여사와 함께 들른
뉴욕 메트로폴리탄 미술관 앞에서.

"이번 주까지만 나옵니다."
청와대 부대변인 직을 그만두기에 앞서 청와대 출입기자들과 함께.

대변인실 동료들이 청와대 생활을 마무리하는 나를 위해 만들어 선물해준 사진첩.

청와대를 떠나는 송별회에서 청년실 동료들이 전해준 감사패:
"인국공(인천국제공항공사), 가상화폐, 부동산, N번방 등 우리 사회를 들썩이게 한 모든 이슈가 청년을 향할 때, 임세은은 청와대로 왔다. 청와대는 임세은의 입을 통해 청년을 이해했고, 이어 대통령의 성찰을 국민께 전하는 청와대의 입으로 일했다. 신념을 지키는 데 몸을 아끼지 않았던, 말이 아니라 행동으로 동료들에게 믿음을 주었던, 누구보다 대통령님을 존경하고 그 의지를 따르던 임세은. 매일 새벽을 함께 열던 청년 동료들이 임세은을 기억하며, 당신의 열정과 헌신에 고마운 마음을 담아 이 패를 전한다."

청와대 대변인실 동료들과 함께. 2021년 11월 15일, 1년 8개월 동안의 청와대 생활을 마무리했습니다. 2020년 4월 긴장하며 청와대 연풍문을 들어섰던 기억이 생생합니다. 그때의 초심을 지금까지 잘 갖고 있는지 되돌아봅니다. 이른 새벽부터 시작하는, 체력적으로 힘든 청와대 생활을 잘 버틸 수 있었던 건 존경하는 문재인 대통령과 김정숙 여사님 덕분이었습니다. 문재인 정부라는 역사의 시간에서 청와대 부대변인으로 일해 영광스럽고 행복했습니다. 하루하루 기쁘고 감사한 시간이었습니다.

청와대 부대변인 직을 사임한 뒤 그 동안 해외 순방 등에 동행하며 이용했던 관용 여권을 반납할 때는 섭섭했습니다. 여러 나라를 다녔던 흔적들을 보니 추억들이 아련히 떠오릅니다.

전직 직원들이 모여 청와대를 다시 찾았습니다. 2022년 4월 19일, 임기 마감을 앞둔 문재인 대통령님이 배려해준 덕분에 반가운 얼굴들을 만났습니다. 그해 청와대의 봄빛은 찬란했습니다.

2022년 11월 19일 서울 숭례문 오거리 일대에서 촛불전환행동 주최로 열린 촛불 집회. 시민 25만여 명이 '국민이 죽어간다 이게 나라냐', '이태원 참사 책임자는 윤석열', '윤석열 퇴진 김건희 특검' 등 손팻말을 들고 구호를 외쳤습니다. 주권자의 무서운 민심. 국민을 이길 수 있는 정권은 없습니다. 나는 사전 행사에서 무겁고 참담한 마음으로 발언했습니다. 무대에 올라가 수많은 시민들의 모습을 보니 죄송한 마음에 뭉클했습니다.

늘 집회를 끝내기 위해 집회에 나갑니다. 이번 집회가 마지막이 되기를 소망합니다.
2023년 11월 4일 촛불대행진 문화제에서. 사진 이호

집회에 함께 참가한 안진걸 민생경제연구소 공동소장과 김용민 더불어민주당 의원.

사진 이호

2023년 9월 촛불 집회에서 지지자들과 함께. 사진 이호

2023년 8월 바쁜 일과를 마치고 잠시 아이들과 서해 바다를 찾았습니다.

2023년 8월 2일 경기 양평에 있는 김건희 여사 일가 땅에 다녀왔습니다. 원희룡 국토교통부 장관의 발언 내용이 잘못됐음을 확인할 수 있었습니다. 이런 행태에 분노한 양평 군민들과 함께 다음 날 기자회견을 했습니다. 사진 더불어민주당

양평고속도로 특혜 의혹 이슈는 절대 휘발돼서는 안 됩니다.

2023년 2월 5일 대구 동성로에서 열린 '좌우중도합작 범국민대회'에서.

'깜짝 영입보다 훈련된 청년정치, 민주당과 함께 성장한 청년 육성 인재.' 2023년 12월 11일
'퇴진과 혁신' 예비후보자들과 함께 공동 출마 선언 및 기자회견을 가졌습니다.

사진 더불어민주당

위에서부터 유튜브 채널 '델리 민주'(이재명, 유희두), BBS 전영신의 아침저널(왼쪽에서부터 신인규, 전영신, 곽관용, 조승현), 유튜브 '김어준의 겸손은힘들다 뉴스공장'(왼쪽에서부터 시계 방향으로 성기선, 정형준, 정규석, 김어준).

관악을 새롭게,
式
임세은식당
LIMSEUN STYLE PARTY

더불어민주당
관악(을) 국회의원 출마 예정자

유튜브 채널 '임세은식당'을 운영하고 있습니다. '임세은식당'은 음식점이 아닙니다. 임세은이 꿈꾸는 임세은식(방식)의 당입니다. '임세은식당'은 기득권을 지키는 데 몰두하는 국회의원을 원하지 않습니다. 무도한 정권과 검찰 권력 앞에서 움츠러드는 정치인을 바라지 않습니다. '임세은식당'은 거침없이 당당하게 나아가는, 다양한 메뉴가 있는(민주주의, 민생경제, 정의, 법치), 오직 국민과 민생만 생각하는 당입니다. 더불어민주당을 임세은의 방식으로 만들어보고 싶습니다.

# 민생경제연구소 활동

## 서울-양평 고속도로 게이트 진실 규명

정말 기가 막힌 일입니다. 십수 년의 노력 끝에 사전타당성 조사를 통과하고 이어 예비타당성 조사까지 겨우 통과돼온, 양평 군민들이 이제나 저제나 착공만을 기다리고 있던 서울(송파)-양평고속도로의 종점이 갑자기 대규모로 변경됐습니다. 어떻게 전체 노선의 55퍼센트가 바뀌어 사실상 다른 고속도로가 될 수 있습니까?

결론부터 말하자면 '서울-양평 고속도로' 문제는 전무후무한 중대 의혹으로 불러야 하고, 이에 대한 신속한 국정조사와 특검을 도입해 그 진상을 낱낱이 밝혀야 합니다. '양평군 강상면 병산리 일대'로 고속도로 노선(전체 노선은 55퍼센트가 변경되지만 양평군 관내로 한정하면 노선이 100퍼센트 바뀌는 완전히 다른 고속도로)과 종점까지 대폭 변경하려는 데는 특혜 의혹이 있다는 세간의 지적이 이번 '고속도로 게이트' 문제의 본질입니다.

그러나 정치검찰 세력이 대권까지 장악해 권력의 정점에서 온갖 비리나 불법을 마구 저질러도 전혀 처벌받지 않고 더 많은 탐욕을 부리고 더 많은 폭압을 자행할수록 민중들과 언론의 감시,

견제, 대응은 거세질 수밖에 없습니다.

양평군 공흥지구에서 백억 원대의 막대한 수익을 누리고도 법정 개발부담금을 결국 0원으로 만들어낸 중대한 의혹 또한 처절히 규명해야 합니다. 그런데 아예 수사도, 기소도 되지 않아 민생경제연구소와 민주당 여주양평지역위원회에서 수사를 촉구했고 이 사건 역시 수원지검 여주지청에서 수사에 착수했습니다.

그뿐 아니라 전국적으로 김건희 씨의 도이치 모터스 주가 조작 의혹에 대해 특검을 요구하는 목소리가 계속되고 있고, 동시에 윤석열 대통령 일가의 특혜 의혹 전반에 대한 철저한 수사와 엄벌을 촉구하는 목소리도 나날이 높아지고 있습니다.

이런 상태에서 터져 나온 고속도로 게이트이기에 우리 국민들이 절대로 좌시하지도 용납하지도 않을 것입니다. 윤석열 정권의 탐욕과 불법이 모두 응축된 사건이 양평 고속도로 문제라 해도 과언이 아닐 것입니다. 그렇기에 절대 다수의 국민들이 일관되게 이 사건을 중대한 권력형 문제이자 대통령 일가에 대한 특혜라고 의심하고 있으며 국정조사 및 특검을 통해 진상을 규명하고 책임자를 처벌할 것을 요구하고 있습니다.

그러다 보니 당황한 윤석열 정권은 원희룡 장관과 국토교통부를 내세워 변명을 남발하고 있는데, 그 모든 것이 거짓 해명이었음이 금세 밝혀지고 말았습니다. 최근 원희룡 국토교통부 장관은 궁지에 몰려 대통령 처가 땅이 있는 곳으로 종점을 급변경한 것과 관련해 교통량까지 해명하다 그 역시 딱 걸리고 말았습니다.

이번 고속도로 게이트의 핵심 문제는 예비타당성 조사까지 통과한 노선과 종점을 '누가? 왜?' 김건희 씨 일가의 땅이 대규모로 존재하는 강상면으로 급변경을 자행했냐는 것입니다. 이 간단한 질문에 대해 원희룡 장관과 국토교통부는 제대로 설명하지 못하고 있을 뿐 아니라 내놓은 해명이나 근거로 제시한 것들이 모두 허황된 것으로 밝혀진 것입니다.

그러자 원희룡 장관과 국토교통부는 자신들과 한목소리로 변경안의 우월성을 주장하는 타당성조사 용역 업체에 다시 한 번 변경안에 대한 B/C 분석을 수행하게 한다는데, 이미 부실투성이의 용역 내용으로 19억 원이나 되는 거액을 받아낸 바 있고 국토교통부와 심각히 유착한 것으로 의심받는 그 용역 회사들의 분석 결과를 어떤 국민이 믿겠습니까?

지난 과정을 살펴보면 서울–양평 고속도로에 대한 본 타당성 조사는 B/C 분석이 빠진 채 매우 부실하게 완료됐는데도 불구하고 국토교통부는 용역 업체에 19억 원이나 되는 비용을 전액 지급했습니다. 그렇기에 타탕성 조사를 맡은 용역사들은 더는 양평 고속도로 사업에 관여할 이유가 없는 것입니다. 이 용역 업체들에는 국토교통부 등 정부·공기업 출신 인사들 다수가 임원으로 재직하고 있어 전관 비리 논란까지 일고 있는데 그 결과물을 신뢰하는 국민들은 거의 없을 것입니다.

교통량 영향권 분석에서 예비타당성 조사 원안(양평군 양서면 종점안)은 영향권을 서울 14개 자치구를 포함한 29개 시군구를 기준으로 분석한 반면, 변경안(양평군 강상면 종점안)은 서울 25개 자치구(서울 전역)을 포함한 43개 시군구로 영향권을 넓혀 분석했는데, 이는 국토교통부가 교통량을 늘려 변경안에 유리하도록 자료를 설정한 것입니다.

교통량 분석의 핵심 자료인 '국가교통DB' 분석 기준 연도 또한 원안과 변경안이 다르게 적용했습니다. 예비타당성 조사 원안은 2019년 데이터를 적용한 반면 변경안은 2021년 데이터를 적용했습니다. 그 동안 국토교통부는 이런 자료를 근거로 변경안에 대해 사업비는 5.4퍼센트(물가보정율 미적용시 16.4퍼센트) 증가하지만 교통량이 6.5퍼센트 증가하므로 예비타당성 조사 원안에 비해 변경안이 우수하다고 우겨왔습니다.

그러나 전 구간 통행량을 비교해보면 실제로는 6.5퍼센트 증가가 아니라 2.5퍼센트 증가에 그칩니다. 원안에 비해 비용은 최소 5.4퍼센트 이상 더 들어가지만(실제로는 원안에 비해 거리가 2킬로미터 이상 늘어나고 비용도 3500억 원가량 더 늘어날 것으로 추산됨) 교통량은 2.5퍼센트만 늘어나는 안은 누가 봐도 폐기해야 할 안입니다. 그런데도 양평 강상면 병산리 일대로 계속 노선과 종점 변경을 강행하고 있습니다.


노선의 55퍼센트와 종점이 변경된 사실이 알려지면서 범국민적 의혹이 제기되자 원희룡 장관과 국토교통부는 처음에는 국토교통부 도로국 실무자가 노선 변경을 진행했다고 허둥지둥 변명

했습니다. 그러나 며칠 지나지 않아 종점 변경은 양평군의 요청이었다고 거짓 해명을 했습니다. 그러다가 다시 종점 변경안은 민주당이 요구한 것이라고 황당한 해명을 했고, 결국에는 타당성 조사를 맡은 용역사가 먼저 제안했다는 식의, 누구도 믿지 못할 말로 해명하고는 지금까지 그 거짓말을 강변하고 있습니다.

그런데 2023년 8월 30일 국회 국토교통위원회 결산 심사 과정에서 원희룡 장관 스스로 서울-양평 고속도로 노선 변경 지시는 국토교통부가 했다고 실토했습니다. 양평 고속도로의 종점을 김건희 씨 일가의 대규모 땅이 있는 강상면으로 변경하게 만든 것이 국토교통부라고 엉겹결에 시인한 겁니다. 이는 매우 중요한 부분입니다. 원희룡 장관이 직접 국토교통부가 노선과 종점을 변경시켰음을 인정한 것이기에 그 의미가 매우 큽니다.

국토교통부가 타당성 조사 과정에서 검토한 예비타당성 조사 통과안(원안) 보완안은 종점을 변경하지 않고 양서면으로 그대로 두면서 양평군 강하면 인근에 새로 IC를 설치하고 종점부 도로를 마을 중심이 아니라 산 쪽으로 옮기는 노선입니다. 이렇게 하면 양평 주민들이 원하는 나들목을 설치할 수 있고 종점부 인근에 사는 주민들의 민원도 모두 해결할 수 있습니다.

이 노선은 강상면 종점안과 비교하면 총 연장은 2.28킬로미터 감소하고 총 사업비도 3500억 원 감소하기에 매우 경제적이고 실용적이고 양평 주민, 그리고 이 고속도로를 이용할 서울과 경기, 강원 도민 누구나 환영할 만한 안입니다. 또 서울-양평 고속도로를 건설하는 목적 중 하나인 서울-춘천 고속도로와의 연계를 통해 서울에서 경기도와 강원권으로, 또 강원권과 경기도에서 서울로 이동하는 국민들의 편익을 극대화할 수 있는 노선입니다.

원희룡과 국토교통부는 이런 최적 노선을 검토하고도 이를 언급조차 하지 않고 변경안만을 최적의 대안 노선이라며 국민을 기만하고 있습니다. 그렇다면 고속도로 게이트 사태의 해법은 양평 고속도로 건설안을 원안 보완안으로 즉각 확정하고 최대한 신속히 착공에 들어가는 것입니다. 그리고 고속도로 게이트의 핵심에는 김건희 씨 일가의 대규모 땅 의혹이 있기에 그 일가는 철저한 수사를 받아야 할 것입니다.

임세은 식당으로 오세요

# 양평 공흥지구 특혜 의혹

2023년 9월 6일 민생경제연구소와 민주시민기녹연대, 민주당 여주양평지역위원회는 양평 공흥지구 특혜 의혹과 관련해 사건의 의혹을 받고 있는 김건희 씨 일가 등에 대한 수사를 촉구했습니다.

주요 내용은 다음과 같습니다.

1. 양평 공흥지구 특혜 의혹은 중대한 지역 권력형 특혜이자 전형적인 토착 특혜 의혹으로서, 제대로 밝혀지지 않고 있어 지금까지도 많은 국민이 크게 분노하고 있는 사안입니다. 그런 와중에 서울–양평 고속도로 게이트까지 터졌으니 대다수 국민들은 김건희 씨 일가의 의혹에 대해 검경의 철저한 수사를 강력히 촉구하고 있습니다.

2. 2021년 가을 민생경제연구소와 법무법인 농본의 수사 촉구에 따라 양평 공흥지구 특혜 의혹 수사에 착수한 경기남부경찰청은 사건 주요 관계자들에 대해 단 한 차례의 소환 조사조차 진행하지 않고 이들을 모두 무혐의 취지로 불송치 처분했습니다. 사건 수사 도중에 경기남부경찰청의 담당 수사관이 윤석열 대통령

의 취임식에 초대돼 수사에 대한 큰 불신을 야기했고, 또 경기남부경찰청장이 도중이 계속 바뀌는 일도 있었고, 최종적으로 사건 주요 관계자들에 대한 무혐의 송치를 주도한 것으로 보이는 전 경기남부경찰청장은 영전하기도 해서, 이 역시 사건 주요 관계자들에 대한 무혐의 처분의 대가가 아니냐는 뒷말이 무성합니다.

3. 사건과 관련해 경찰이 김건희 씨의 오빠를 유죄 취지(사문서 위조)로 송치했는데 이 역시 명백한 봐주기 처분입니다. 실제 사건을 주도한 이들은 제외하고 그 사람만 유죄 취지로 송치한 것은 '피고인 바꿔치기'이고, 위계에 의한 공무집행방해, 사기 및 부당이득편취 등은 모두 빼고 비교적 경미한 사문서 위조로만 송치한 것도 노골적인 봐주기 처분이라 할 것입니다. 그나마 사건과 관련해 수원지검 여주지청이 그에 대해 사문서 위조뿐 아니라 위계의 의한 공무집행방해로 추가 기소한 것은 매우 긍정적인 조치이나, 그럼에도 역시 의혹을 받고 있는 김건희 씨 일가 등에 대해서는 추가 수사나 기소가 전혀 없었다는 점에서 검찰 역시 명백한 봐주기 처분에 동참했다는 범국민적 비판을 피할 수 없습니다.

4. 이에 우리는 양평 공흥지구에서 부동산개발 회사(김건희 씨 일가 소유)의 개발이 시작되고 진행되고 마무리된 전 과정과 17억 원이 넘는 개발부담금이 무려 0원으로 바뀌는 과정 전체가, 우리가 이미 여러 차례 지적한 것처럼, 모두 특혜가 있다는 의혹이 너무나 크다는 점을 다시 한 번 강조하며, 이 사건 주도자들의 중대

　　　　　　　　임세은 식당으로 오세요

한 의혹에 대해 대검과 수원지검 여주지청에서 철저한 재수사와 추가 수사를 진행해 이들의 불법과 비리가 확인된다면 엄벌에 처해줄 것을 간절히 당부하고 또 동시에 강력히 촉구합니다.

5. 또 최근 여러 언론 보도(2023.7.10. 한겨레)를 통해 김건희 씨 모친의 양평군 양평읍 백안리 등의 농지 소유가 농지법을 위반했다는 의혹도 제기됐습니다. 이 역시 철저히 수사해주기 바랍니다.

## 김건희 씨 명품 수수 의혹에 대한 수사 착수 요구

최근 서울의소리, 뉴스버스, 스픽스, 오마이TV 등 다수의 뉴미디어 채널들이 공동으로 김건희 여사의 명품 수수 의혹을 연속 보도했고 그 파장은 더욱 커지고 있습니다.

결론부터 말하자면 김건희 여사의 주가 조작 의혹, 모친의 통장 잔고 조작 등에 이어 이제는 명품 수수 의혹까지 터져 나온 이상 더는 방치해서는 안 될 것입니다. 그런데 대통령실은 범국민적 비판에도 '모르쇠'로 일관하고 있어 더 큰 문제가 되고 있습니다. 윤석열 대통령은 국민들에게 직접 해명하고 사과해야 합니다. 검경과 공수처는 즉시 철저한 수사에 착수해야 하고 정치권과 시민사회도 모든 수단을 동원해 이 문제에 적극 대응해야 합니다.

김건희 여사의 매우 부적절한 명품 수수 의혹은 최근 서울의소리 측의 영상이 공개되면서 점점 커지고 있습니다. 더 심각한 것은 최재영 목사가 2022년 6월에 이어 2022년 9월 두 번째 미팅을 마치고 나올 때 촬영한 화면을 보면, 여러 사람이 대기하는 듯한 모습까지 확인됐다는 것입니다(2023.11.30. 서울의소리, 2023.12.9. 한

거레). 상황을 종합하면 김건희 여사가 공적 공간인 용산 집무실이 아니라 사적 공간인 서울 서초동 회사에서 어떤 인사를 비밀리에 접촉하고 또 아무런 거리낌도 없이 경호 시스템까지 무력화하며 명품을 수수한 의혹이 큽니다.

최재영 목사는 최근 이 같은 탐정 취재 또는 잠입 취재를 결정하게 된 배경은 2022년 6월 첫 번째 미팅에서 느낀, 대통령의 인사권에 개입하고 있는 듯한 김건희 여사의 인사 개입 의혹(2023.11.23. 서울의소리, 2023.12.7. 오마이TV) 때문이라고 밝히고 있습니다. 그는 그런 의혹에 분노를 느껴 결국 이 문제를 세상에 공개하게 된 것입니다. 두 문제가 권력의 사유화와 권력 특혜 의혹이라는 공통점이 있음을 우리 사회는 깊이 주목하고 있습니다.

최재영 목사는 2022년 6월 회사에서 첫 미팅을 할 때 김건희 여사가 금융위원 인사에 개입한 것 같은 정황에 대해 언급했습니다(2023.11.23. 서울의소리, 2023.12.7. 오마이TV, 2023.12.1. 한겨레). 그가 김건희 여사가 누군가로부터 걸려온 전화를 받으면서 '금융위원은 아무개를 시켜라고요?'라는 취지로 대화하는 것을 분명히 들었다는 것인데, 이 부분은 부적절한 명품 수수 의혹과는 별개로 또 하나의 심각한 의혹으로 볼 수 있습니다.

명품을 수수한 의혹이 있는 이 사건의 장소가 서초동 회사인 것도 문제입니다. 김건희 여사가 사람을 만나고 접견할 수도 있습니다. 하지만 영부인이라는 신분을 감안하면 특히 공적인 만남의 경우 용산 집무실이나 접견실을 투명하게 이용했어야 했습니다. 주가 조작 의혹 등 사건과도 연루돼 있는 그 회사에서, 그것도 본인이 대표직에서 사임해 더는 회사 일에는 관여하지 않겠다는 선언까지 했는데도, 김건희 여사는 공적 공간이 아니라 회사에서 한 인사를 접촉해 명품을 수수한 의혹을 사고 있습니다. 용산 집무실과 달리 출입 기록도 전혀 남지 않고, 감시와 경호의 눈도 최대한 피할 수 있는 곳에서 일어난 일이라 국민들은 크게 우려하고 있습니다.

이에 강득구 국회의원과 민생경제연구소 공익법률위원회, 검사를검사하는변호사모임(검사검사) 등이 이번 사태가 무척 엄중하다는 인식하에 오늘 두 번째 기자회견을 열게 됐습니다. 작금 김건희 여사 일가의 비리 의혹은 너무나도 심각합니다. 주가 조작 의혹과 통장 잔고 조작, 양평 고속도로 문제에 이어 이제는 명품 수수 의혹까지, 정말 바로 윤석열 대통령 내외가 대다수 국민들의 비판과 분노에 직접 해명하고 깊이 사죄해야 할 것입니다. 다시 한 번 국회 및 정치권, 시민사회, 검경, 공수처의 적극적인 대응을 호소하고 촉구합니다.

## 부결과 탄핵 소추의 권한

이균용 대법원장 후보자에 대한 임명동의안이 2023년 10월 6일 국회 본회의에서 부결됐습니다. 부결된 직후 이균용 후보자는 "빨리 훌륭한 분이 오셔서 사법부가 안정을 찾기를 바란다"라고 말했습니다. 인사청문회 뒤 재산신고 누락 및 자녀 재산 형성 의혹 등이 불거진 그를 낙마시킨 것은 그를 대법원장 후보자로 지명한 윤석열 대통령과 정치검찰 정권에 경종을 울린 쾌거입니다.

'압구정(압수수색, 구속남발, 정치검찰)' 정권하에서 우리 국민들이 국회에 바라는 모습이 바로 오늘과 같은, 자질이 부족하고 나아가 불법 비리에 연루된 공직 후보자에 대한 임명동의안을 단호한 '부결하고' 정치검찰 짓을 일삼아온 검사들을 당연히 '탄핵 소추하는' 것입니다. 그것을 우리는 '부탄(부결, 탄핵)' 민주 국회라 부를 것입니다.

그동안 국민들이 목마르게 찾던 국회 본연의 모습이 바로 이런 것입니다. 정치검찰이 압수수색과 구속영장 청구를 남발한다면 당연히 그를 감시하고 견제해야 하는 국회는 부결과 탄핵 소추의 권한을 적극 행사해야 합니다. 또 정치검찰 정권이 함량 미달의 인사를 남발한다면 당연히 국회는 국민들과 함께 그런 인사들을 단호히 거부해야 합니다.

실제로 윤석열 정권은 호시탐탐 틈만 나면 야당 탄압과 정적 제거를 위한 압수수색 및 구속영장 청구에만 몰두하고 있습니다. 이 같은 정치검찰 정권에 맞서 우리 국회가 앞으로도 부결과 탄핵 소추의 권한을 십분 활용할 것을 신신당부합니다.

'압구정' 정치검찰 정권에 맞서 나라를 바로세우고 국민을 보호할 의무가 있는 곳이 입법부인 국회이고, 국회가 그 의무와 역할을 다하는 바로 그것이 우리 헌법과 세계 민주주의 역사가 가장 중요한 원칙으로 옹호하고 있는 삼권분립과 국민주권의 올바른 실천일 것입니다.

# 1호 공약을 즉시 이행하십시오

2022년 8월 17일 윤석열 대통령이 취임 100일 기자회견을 진행했습니다. 취임 석 달 만에 지지율이 20퍼센트대로 떨어질 정도로 일련의 잘못들이 넘쳐나는데도, 성과는 없고 온갖 논란만 자초했던 100일이었는데도 사과나 반성도 없이 자화자찬에 전 정부 탓으로 일관한 기자회견이었습니다. 그를 보면서 많은 국민이 또 한 번 절망하고 분노하고 있습니다.

그중에서도 전국의 많은 소상공인을 또 한 번 피눈물 나게 하는 일이 있었으니, 윤대통령이 기자회견 모두 발언을 통해 "소상공인에 대해서는 정부 출범 직후 추경을 긴급 편성해서 손실보전금 25조 원을 지원했습니다"라고 밝힌 부분입니다. 그 표현대로라면 소상공인들에게 차질 없이 손실보전금을 지원하겠다는 공약을 잘 이행한 것처럼 보이지만 실상은 전혀 그렇지 않습니다.

윤대통령의 발언은 두 가지 큰 문제가 있습니다. 실제 팩트는 중소벤처기업부가 밝힌 대로 소상공인과 소기업 363만 곳에 총 22조 원의 손실보전금을 지급하는 데 그친 것입니다. 그런데 윤대통령은 코로나19로 피해를 본 모든 소상공인들에 총 25조 원을 지급한 것처럼 말했습니다.

두 번째는 윤대통령의 '사각지대 없이 소상공인들에게 50조 원의 방역지원금 지급'이라는 1호 공약을 파기한 사태에 대해 어떠한 언급도, 사과도, 반성도, 개선 의지도 없다는 것입니다.

20대 대선 과정에서 정책이나 공약이 빈약한 채 선거운동을 하고 있다는 비판을 받았던 당시 윤석열 후보 측은 대선 중간에 1호 공약으로 사각지대 없이 소상공인들에게 손실보전금 50조 원을 지급하고, 더 나아가 그동안의 코로나19로 인한 피해에 대해 소급 지원하겠다고 발표했습니다. 이는 변호사와 의사 같은 고소득 전문직 자영업자들을 제외하고 전국 500만 명의 중소상공인들에게 일인당 1천만 원씩 지원하는 데 총 50조 원을 들이겠다는 것이었습니다. 또 2021년 7월 이전의 피해에 대해서도 (영업 금지 및 영업시간 제한 등으로 피해를 본 소상공인을 돕는 법정 '손실보상금'은 2021년 7월 이전의 피해에 대해서는 소급 지원하지 않으면서 많은 비판을 받음) 소급해 손실보전금을 지원하겠다는 것이었습니다.

이 공약은 일약 시중의 화제가 됐고 전국의 중소상공인과 소기업들 사이에 큰 이슈가 됐습니다. 문재인 정부는 코로나19 방역에서 세계 최고의 수준의 대응을 했다는 평가를 받았지만, 동시에 2년 넘게 코로나19로 엄청난 고통과 피해를 받은 중소상공인과 소기업들에 대한 지원은 매우 인색했다는 비판도 받았습니다. 얼마 전 TBS 허리케인 라디오에 출연한 재일교포 자영업자는 그 상황에 대해 코로나19 대응은 한국 정부가 일본 정부보다 훨씬 더 잘했지만, 코로나19로 인한 중소상공인들의 피해에 대한 대응은 일본 정부가 한국 정부보다 훨씬 나았다라고 평가하기도 했습니다.

그런 상황에서 당시 윤석열 후보가 내놓은, 500만 명에게 일인당 1천만 원씩 사각지대 없이 지원하겠다는 공약은 전국의 중소상공인과 소기업인들에게 큰 환영을 받았습니다. 또 당시 윤석열 후보의 선거운동을 총괄했던 김종인 위원장은 50조 원를 넘어 100조 원도 지원해야 한다고 밝혀 계속 화제를 만들어내기도 했습니다.

그래서 전국의 중소상공인과 소기업인들이 이재명 후보를 찍으려다, 코로나19 피해자들에 대한 지원에 소극적이었던 문재인 정부에 실망하던 차에 윤석열 후보의 지원 공약을 보고 그를 최종적으로 찍은 사람들도 매우 많았습니다. 즉 문재인 정부 막판에 끝까지 중소상공인 및 소기업인 지원과 민생 추경에 소극적이거나 부정적이었던 기획재정부에 대한 분노와 실망과 함께, 윤석열 후보의 코로나 19로 인한 중소상공인들의 모든 피해에 대한 소급 지원과 50조 원 지원 공약이 대선 결과를 뒤바꿔 그가 당선되는 데 크게 기여한 것입니다.

그런데 윤후보는 당선되자마자 대통령직인수위원장을 앞세워 '소상공인들이 쇠고기를 사 먹으니 다 지원할 수 없다', '1천만 원이 아니라 최대 600만 원 정도를 지원하겠다'고 공약 파기에 시동을 걸더니 결국 500만 명이 아니라 무수한 사각지대와 억울하고 애매한 탈락자를 양산할 수밖에 없는 370만 명에게만 그것도 1천만 원이 아니라 600만 원을 기본적 지원으로 하고 일부에게만 최대 1천만 원까지 지원하는 것으로, 또 소급 지원은 한 푼도 하지 않는 것으로 말을 뒤집었습니다. 이는 가장 중요했던 1호 공약을 완전히 파기해버린 것입니다.

그래서 지금 중소벤처기업부가 밝힌 대로 3차 방역지원금으로서(문재인 정부 때인 2021년 12월에 100만 원이 1차, 2022년 3월에 300만 원이 2차로 지원됨) 손실보전금을 363만 명에게만 지원했으니 무려 최대 137만 명의 중소상공인 및 소기업인이 무더기로 손실보전금 지원에서 제외됐습니다. 이런 공약 파기에도 불구하고 문제의식을 느끼지 못하거나 매출 하락이 거의 없거나 오히려 늘어난 이들을 제외한다 해도 최소 100만 명 안팎의 중소상공인 및 소기업인이 억울하고 애매한 사유로 탈락했습니다. 이는 모두 온전히 윤대통령의 중대한 공약 파기로 인해 야기된 고통과 피해라고 해야 합니다.

대표적으로 억울한 사례를 꼽으라면 2021년 12월 15일 이전에 창업하면 손실보전금을 최소 600만 원을 받을 수 있는데 12월 16일 이후 창업한 분들은 한 푼도 못 받고 있고, 2021년 12월 달이나 그 전에 2년 동안 너무나 힘들어서 또는 임대 계약이나 세무 처리 때문에 12월 31일 전에 폐업하는 것을 어쩔 수 없이 선택한 이들은 한 푼도 지원을 못 받고 있습니다(2022년 1월 1일 이후

임세은 식당으로 오세요

폐업한 이들은 600만 원 내지 그 이상의 지원금을 받았지만). 또 사실상 방역 명령을 이행했는데도 방역 조치 권고만 받았다고 방역명령 이행확인서를 발급받지 못해 한 푼도 지원받지 못하고 있는 전국의 공부방 선생님들, 특히 코로나 19로 인한 피해와 고통이 극심해 어쩔 수 없이 영업시간이나 노동시간을 대폭 늘렸더니 겉으로 보기에는 매출이 아주 조금 늘어났다는 이유만으로 무더기로 탈락한 택시 기사와 화물 기사들, 코로나 19로 인한 공급망 교란으로 원자재 가격이 가격이 인상되어 어쩔 수 없이 판매 가격을 올렸더니 영업이익은 그대로이거나 실제로는 줄어들었는데 겉으로 보이는 매출만 늘어난 것으로 파악돼 탈락한 많은 중소상공인들, 코로나19가 터지자마자 어쩔 수 없이 영업을 할 수 없는 상황이 됐는데 매출 기록이 없다는 이유만으로 일괄 탈락한 중소상공인들, 또 분명 매출이 감소했는데도 그것을 입증하기 어렵다는 이유만으로 탈락한 간이과세나 수기 세금계산서 발급 사업자들 등등. 억울하고 애매한 탈락자들의 피해와 원성이 지금 하늘을 찌르고 있습니다.

그럼에도 윤석열 대통령은 이번 100일 동안 단 한 번도 이들의 억울함과 피해에 대해 관심과 개선 의지를 보이지 않았고, 가장 중요했넌 공약의 파기에 대해서도 어떠한 언급도, 사과도, 반성도 없습니다. 게다가 윤석열 정부의 책임 있는 당국자들과 여당 정치인들이 아무런 관심도 기울이지 않고 시정 조치도 하지 않고 있습니다. 민주당과 정의당 등 야당들과 전국의 민생 시민단체들도 이 문제에 더 많은 관심과 해결 노력을 기울여줄 것을 호소합니다. 심지어 윤석열 정부가 청와대 청원을 전격적으로 폐지하는 바람에 중소상공인과 소기업인들은 온라인 청원조차 올리지 못하고 있고 언론의 외면도 심각한 상황입니다.

현재 2022년 8월 17일부터 소상공인 손실보전금 탈락자들의 이의신청이 줄을 잇고 있는데(8월 17일부터 8월 31일까지 중소벤처기업부의 손실보전금 홈페이지에서 접수 중) 최소한 이의신청을 한 이들에 대해서라도 일괄 구제를 반드시 단행해야 할 것입니다. 왜 지지율이 20퍼센트대까지 떨어졌는지를 전혀 모르고 있는 윤석열 대통령과 윤석열 정부에 다시 한 번 간절히 호소하고 촉구합니다. 1호 공약, 중대한 공약을 파기하고도 아무런 반성도, 사과도, 개선 조치도 안 하면서 어떻게 계속 정부와 여당의 역할을 자처하고 계십니까? 지금 당장 1호 공약을 제대로 이행하십시오.

# 민생 칼럼

## 주가 조작은 아니라지만 증거는 못 대는 김건희 씨
### : 전직 증권사 임원이 본 도이치 모터스 주가 조작 사건

김건희 씨가 도이치 모터스 등의 주가를 조작해 16억 원을 투자해 2년 만에 10억 원을 벌었다는 의혹은 이미 널리 알려진 이야기다. 어떻게 이러한 일이 있을 수 있었을까? 전직 증권사 임원으로서 왜 이 거래를 아무리 봐도 주가 조작이라고 의심할 수밖에 없는지 실무적인 이야기를 해보려고 한다.

윤석열 대통령은 "이 양반(이 모 씨)이 골드만 삭스 출신이라고 해서, 이 양반한테 위탁 관리를 좀 맡기면 괜찮을 것"이라고 말했다. 이어 2023년 2월 10일 1심 결과가 나온 뒤 대통령실에서 한 해명은 "계좌를 이용당했다"였다.

종합하면 김건희 씨는 위탁 관리라는 명목으로 계좌를 아예 골드만 삭스 출신인 증권사 담당자에게 맡겼기에 그 계좌가 어떻게 운용되는지 전혀 몰랐다는 것이다. 김건희 씨는 전혀 몰랐다지만 이 자체가 불법에 가담한 것이다. 지금 김건희 씨가 주장하는 위탁 관리는 이른바 '일임 관리', 회사에 따라선 '신탁 관리'라고 부르기도 하는 것을 말한다.

그런데 이 건은 사안 자체가 다르다. 공식적으로 계좌 운용을 맡기는 일임 관리나 신탁 관리는 적합한 절차에 따라 계약서를 작성하고 운용의 목표 등을 공유한다. 그리고 정기적으로 운용보고서를 발송한다. 만약 김건희 씨가 이런 일임 관리나 신탁 관리를 했다면 엄연히 계약서가 존재해야 하고 운용보고서 발송 현황도 있어야 한다. 또 일정 부분 수수료도 내야 한다. 그리고 이러한 일임 관리는 증권사 본사의 관계 부서에서 이뤄진다. 김건희 씨 경우처럼 지점의 개인이 할 수 없는 것이다.

김건희 씨의 주장처럼 특정 개인에게 계좌를 맡겨 관리하게 했다면 그 자체만으로도 불법이 된다. 자본시장법과 증권거래법에 따라, 타인의 계좌를 개인이 운용했다면 명백한 불법이다. 맡긴 사람도 인지했기 때문에 공범이다. 아무리 워런 버핏이 주식을 잘한다고 해도 내 계좌를 그에게 맡겨 관리하게 했다면 불법이라는 이야기다. 그러니 윤석열 대통령과 김건희 씨, 대통령실 모두 거짓 해명을 하는 것이다.

2009년 김건희 씨는 도이치 모터스 주식 8억 원을 장외 매수한다. 사실상 권오수가 보유한 주식(권오수가 지배하고 있는 두창섬유에 배정된 주식) 124만 주 중 25만 주가량을 8억 원에 장외 매수했다. 이른바 블록 딜(대량 직접 거래)이라는 형식이다. 블록 딜이란 주식을 대량 보유한 기관이나 개인이 미리 매수자를 구해 대량의 주식을 일괄적으로 매도하는 것이다. 즉 권오수 회장 측에서 김건희 씨라는 매수자에게 대량의 주식을 매도한 것으로, 일반적인 주식시장 장이 종료한 뒤 특정 가격과 특정 수량으로 대량 거래를 한 것이다. 도이치 모터스 주식이 우회 상장되기 전에 일어난 일이다. 일반 투자자들이 할 수 있는 일반적인 거래가 아니다.

특히 블록 딜은 일반적으로 상장 기업의 경우에는 악재로 분류된다. 주식을 대량으로 판다는 것, 그 자체가 '회사에 무슨 일이 생긴 게 아닐까' 하는 의구심을 들게 한다. 또 정상가보다 할인한 가격에 체결하기에 개인 투자자가 블록 딜로 매수자가 된다는 것 자체가 일반적이지 않다. 적어도 상장도 안 된 주식을 대량 장외로 매수했다는 것은 그 주식에 대한 확신이나 특정 정보가 있지 않고는 아무리 간 큰 투자자라 하더라도 하지 않을 법한 거래다.

그런 거래 자체가 매우 특이하므로 적어도 계좌의 증권사 관리자가 그 거래를 인지했으면 계좌 주인인 김건희 씨에게 거래한 사실이 맞냐고 확인했을 것이다. 그리고 개인이 한 특이한 거래이므로 특이 거래 사항으로 어느 선까지 보고가 이뤄지는 게 업계의 상식이다. 그런데 회사 차원에서 이 두께가 이뤄지지 않았다면 그것 또한 매우 황당한 일인 것이다.

1심에서 확인한 사실은 김건희 씨는 권오수 회장의 도이치 모터스 주식을 대량으로 매수했고 2차에 걸친, 주가 조작으로 의심되는 거래를 통해 10억 원가량의 수익이 났다는 것이다. 그리고 그 과정에서 김건희 씨가 공범으로 의심되는 행위자들과 거래했고 김건희 씨 이름의 엑셀 파일에 거래와 같은 기록이 나왔다는 것이다. 그런 보도와 재판에서 나온 증언 및 증거를 접하며, 실무를 경험했던 사람으로서 앞서 나열한 두 가지 정황도 주가 조작이 아니라고 주장하기가 매우 곤란하고 어려운 상황이다.

한때 업계에서 몸담았던 사람으로서, 외국인 투자자들이 대한민국의 자본시장에 대해 신뢰하지 못할까 봐 걱정된다. 대통령의 부인이라는 사람이 버젓이 주가 조작 의혹에 연루되고 여러 정황과 증거가 나와도 눈감는 나라에 뭘 믿고 투자할 수 있을까. 투자한 나라에서 권력이 센 사람이 자신의 맘대로 장난치고 조작해도 처벌받지 않는다면 외국인 투자자는 우리나라 금융시장과 더불어 우리나라 자체에 대해 신뢰할 수 없고 더는 투자할 가치가 없다고 생각할 것이다. 참으로 국익에 해가 되는 일당들이다. 언젠가 역사의 평가가 있겠지만 그 동안 겪을 고통과 국익 손실은 결국 국민의 몫이기에 참담할 뿐이다.

(2023.4.11. 평화나무)

## 한 사람의 집요함, 그리고 그의 진심

　그동안 내가 알고 있었던 '변희재'는 도무지 이해할 수가 없는 사람이었다. 그렇기에 과거에 나는 그의 주장은 아예 들을 생각조차 해보지 않았다. 엉뚱하고 납득할 수 없는 주장을 하는 사람이라는 편견이 굳어져 있었기 때문이다. 아마도 여전히 많은 사람이 그를 그렇게 생각하고 있을지도 모르겠다.

　그렇지만 나는 언제부터인가 변희재 대표고문이 말하는 그 태블릿의 진실이 도대체 무엇이기에, 무려 감옥에 가면서까지 저렇게 집요하게 그것을 밝히겠다고 애를 쓰는지, 그리고 그것이 그에게 어떤 이득이 있기에 저렇게까지 고생을 하는지 하는 궁금증을 한편으로 갖게 됐다. 그러다가 우연히 그가 쓴 책 <변희재의 태블릿, 반격의 서막>을 꼼꼼히 읽어볼 기회가 생겼다. 이를 통해 나는 변희재 고문이 그토록 오랜 기간 집요하게 사건의 진실을 밝히려 했던 노력의 결과를 일부나마 이해할 수 있었다.

　나는 적어도 변희재 이 사람은 자신이 맞다고 생각하는 일에 대해서는 자신의 모든 것을 걸 수 있는 사람이겠구나, 그리고 그 사건에는 그동안 미처 내가 몰랐던 진실이 묻혀 있을 수 있겠구나 하는 생각을 새로이 품게 됐다.

변희재 고문의 이번 새 책 <나는 그해 겨울 저들이 한 짓을 알고 있다>는 전작과 마찬가지로 이른바 '태블릿 조작 수사 사건'과 관련해 매우 간단하고 명확하다고 여겨지는 근거들을 제시하고 있다. 시간의 흐름에 따라 딱딱 맞춰지는 여러 정황과 증거, 그리고 진실을 은폐하려고 하는 검찰과 특검의 여러 시도들에 대한 내용이 그 어떤 첨가물도 없이 담백하게 책에 담겨 있다. 진실이 아니고는, 거짓으로는 절대 나열할 수 없는 이야기다.

오히려 태블릿 사건과 관련한 과거 검찰과 특검의 원 발표 내용이야말로 나로서는 도저히 믿기가 힘든, 수억 분의 일에 해당할 우연의 연속이었다. 김만배 씨의 누나가 그냥 길을 가다가 윤석열 대통령 부친의 집을 샀다고 하는 우연보다도 더 믿기 힘든 우연이, 검찰과 특검이 발표한 태블릿 사건에서는 아예 예사였던 것이다.

박근혜 대통령 탄핵의 기폭제가 됐던 이른바 'JTBC 태블릿'과는 별개로, 특히 장시호가 제출한 '제2 태블릿'은 그 조작의 정황이 법원을 거쳐 나온 자료를 통해 다 확인되고 있다. 또 국내 대표적인 디지털 포렌식 감정 전문 기관이, 태블릿은 증거로서 온전히 보존되지 않았고 실은 여러 훼손과 조작이 있었음을 증명하고 보여주었다.

검찰의 조작과 날조, 인멸은 현재 진행형이다. 2022년 12월 지금도 전혀 두려움과 반성이 없이 진행되고 있다는 느낌이다. 이른바 '손준성 보냄'의 고발 사주 의혹이 언론에 보도되자마자 손 검사 등이 소속된 대검찰청 수사정보정책관실에서 조직적으로 증거를 인멸한 정황이 얼마 전 관련 재판 과정에서 확인됐다. 새로 구입한 지 2주도 안 된 컴퓨터 25대가 고발 사주 의혹이 보도된 당일에 전부 포맷됐다. 게다가 보도 직후 서울중앙지검의 한 검사는 본인의 휴대폰에 이른바 안티포렌식 앱을 설치하는 등 증거인멸 행위를 여러 차례 행했다. 이는 누가 봐도 검찰과 특검이 벌인 태블릿 조작을 위한 행위와 흡사하다.

검찰의 조작과 날조, 인멸은 이처럼 지금도 여전히 진행되고 있기에 우리의 진실 투쟁은 더 가열차야 한다. 언제, 어디서, 어떻게 만들어진 거짓이 우리를 짓누를지 알 수 없기 때문이다. 습관처럼 해온 조작과 날조, 인멸이기에 그들은 죄의식 없이 관성처럼 이를 앞으로도 계속 행할 것이 분명하다. 누군가는 앞장서 이를 막아내고 거짓의 몸통을 햇빛 아래 다 까밝혀야 하지 않을까.

진실은 매우 간단하다. 반면에 거짓은 매우 복잡하다. 그리고 진실을 위한 투쟁에는 사익이 없다. 오로지 그 진실을 밝히기 위한다는 뜻이 있을 뿐, 어떠한 경제 논리가 적용되지 않는다. 나는 진실 하나에 모든 사활을 걸고 있는 '변희재'의 진심을 이 책을 보고 확인했다.

그렇기에 더불어민주당 10년차 당원이자 박근혜 대통령 탄핵 촛불 집회를 한 번도 거르지 않고 참여했던 시민, 그리고 문재인 대통령 청와대의 부대변인이었던 내가 감히 이 책을 추천하려는 것이다.

　요즘처럼 거짓이 난무한 우울한 시대에, 적어도 이토록 절박하고 치열하게 밝혀낸 진실 하나만큼은 온 국민이 알아줘야 하지 않을까? 더 많은 분의 관심과 이해가, 진실을 밝히고 거짓 없는 세상을 만드는 데 큰 밑바탕이 되리라고 생각한다.

　(2023.1.15. 미디어워치)

# 취업 암초를 만난 청년들

만개한 벚꽃이 눈꽃이 되어 흩날릴 때까지 우리는 코로나19에 봄을 빼앗기고 말았다. 봄은 새 학기를 맞는 신입생들을 설레게 하고, 사회에 첫발을 내딛는 새내기 사회인들도 즐거운 긴장감으로 시작을 맞이하게 하곤 했다.

코로나19가 전 세계를 마비시킨 지 어느덧 석 달이 넘었다. 한창 새로운 시작을 만끽해야 할 새내기들의 빼앗긴 봄. 그들은 과연 다시 봄을 꿈꿀 수 있을까?

국제노동기구는 전 세계 노동자 33억 명 중 80퍼센트인 27억 명가량이 코로나19로 인해 직간접적으로 직업의 안정성과 채용에 영향을 받을 것이라고 밝혔다. 그리고 제2차 세계대전 이후 가장 심각한 노동의 위기라고 이야기하며 개발도상국뿐 아니라 선진국에서마저 위태로운 상태가 나타날 수 있다고 우려를 표했다.

우리나라도 이 영향에서 빠져나올 수 없는 것은 자명하다. 이미 항공업계와 여행업계 중심으로 구조 조정과 사업 개편, 채용 중단 등이 빠르게 이뤄지고, 튼실하다고 평가되는 기업들조차 위기의식을 느껴 자산을 매각하는 등 닥쳐올지 모르는 경제 위기에 심각히 대응하고 있다.

기존 인력조차 고용의 안정성을 담보할 수 없는 와중에 기업들은 신규 채용을 미루거나 취소해 사회에 첫발을 내디디려는 청년들의 꿈과 미래를 불투명하게 하고 있다. 그동안에도 청년 일자리 문제는 큰 화두였지만 이제는 그야말로 위기가 닥쳐오고 있다.

취업 포털 '인크루트'에서 262개 기업을 대상으로 신입 채용 동향을 조사했는데, 코로나19 여파로 채용 계획에 영향을 받은 곳이 85퍼센트이고, 2020년 신입 사원을 한 명이라도 뽑을 계획이 있는 곳은 코로나19 이전에 비해 3분의 1 수준으로 줄었다. 게다가 2020년 한 명도 채용하지 않겠다는 기업은 20퍼센트 가까이나 돼 코로나19 이전보다 두 배 넘게 늘었다.

게다가 일부 회사에서는 코로나19 사태로 인한 경영 악화를 이유로 내정됐던 채용조차 취소하는 사례가 빈번히 일어나고 있다. 이에 각종 노무 상담들이 줄을 잇고 있다고 한다.

청년들은 고민이 많고 그 고민에는 이 사회에서 해결해야 할 문제들이 함축돼 있지만, 고민의 시작과 끝은 늘 안정적인 일자리로 귀결됐다. 그동안 탈공업화와 콘텐츠 중심의 산업구조로 변화하는 과정에서, 경제가 성장하고 GDP가 증가해도 신규 일자리가 만들어지기 어려운 구조로 변모했다. 기업의 가치와 고용의 규모가 분리되고 있는 현실에서 점점 청년이 사회에서 설 자리는 줄어들고 있다.

이번처럼 감염병으로 인한 전 세계적 위기가 덮치는 가운데 밀레니얼 세대는 그야말로 패닉 상태에 놓여 있다.

경제 위기에 대한 우려로 채용이 얼어붙으면 국가도 미래 세대의 성장 동력과 활력을 잃어버리게 되며, 기업도 미래 세대가 이끌어나갈 숙련의 기회를 없애게 되는 리스크가 있다. 이에 전국경제인연합회에서도 회원사에게 코로나19로 인해 청년 실업이 발생하지 않게 신규 채용 계획을 축소하거나 취소하지 않기를 강력히 요청했다.

정부도 고용유지 지원금이나 구직 급여 확대, 공공기관 채용 규모 유지, 입사 제출 서류 연장 등을 통해 취업 준비생을 위한 대책들을 꾸준히 마련하고 있다. 그리고 조만간 청년 신규 채용에 대한 좀 더 진전된 대책을 예고하고 있다. 이런 시기에 청년의 어려움을 심각히 인지하고 적극적인 대책을 고민하고 있는 것은 환영할 만하다.

그러나 앞서 언급한 대책들은 대부분 현 상황에 대한 일시적인 긴급 처방이다. 공공기관 채용을 줄이지 않는다고는 하지만 공공의 일자리는 한정적이다. 결국 일자리를 만들어내는 가장 큰 주체는 기업이기 때문이다.

기업이 채용할 때 가장 크게 고려하는 것은 바로 성장에 대한 확신이다. 기업이 성장을 예측하고 적절한 인원을 충원하는 것이 채용 계획의 기본인데 지금 상황은 경제에서 가장 큰 리스크인 불확실성이 지배하고 있다. 당연히 기업 입장에서는 가장 먼저,

가장 쉽게 '인력 구조 조정, 채용 축소'를 만지작거릴 수밖에 없는 것이 냉정한 현실이다.

불확실성에 대한 기업의 과도한 우려를 불식할 수 있어야 한다. 정부의 코로나19 방역 대처는 전 세계적으로 모범 사례가 되고 있기에 경제에서도 이번 상황을 잘 극복해 다시 예전처럼 돌아가리라는 확신의 메시지를 시장에 지속적으로 보내야 한다.

그리고 신규 채용을 유지하는 기업에는 채용 지원금, 세제 지원, 연구개발비 등을 지원하고 새로운 사업에 진입할 경우 우선순위를 보장하는 등 다양한 인센티브를 마련하는 것도 병행해야 한다. 그 과정에서 부당 이득이나 도덕적 해이 등이 발생하지 않게 하고, 민간 부문의 협조를 가능한 한 많이 끌어내기 위해 지속적이고 확장적인 유인책을 많이 제공해야 한다.

청년이 처음 노동시장에 진입할 때 어떤 일자리를 얻느냐는 미래의 소득과 자산 등 생애 전반을 좌지우지한다. 게다가 첫 직장을 얻을 당시에 사회의 경제 상황이 어떠했는지도 생애의 소득에 영향을 준다.

일례로 1997년 IMF 구제금융과 2008년 금융 위기 때 사회에 진입한 세대는 다른 시기에 진입한 세대들보다 평균 소득이 낮다. 아마 코로나19 시기에 사회에 첫발을 내딛는 청년들도 비슷한 상황이 될 수 있다. 갑작스럽게 닥친 '불황'이 이들에게는 '불행'이 돼버렸다.

코로나19 사태를 계기로 어쩌면 청년 정책을 대대적으로 손질

임세은 식당으로 오세요

해야 할지도 모른다. 단순히 그 시점에서 내놓은 응급 처치식 방법들은 언제든 바이러스가 다시 창궐할 수 있는 시대에서 또 다른 '잃어버린 세대'를 만들어낼 수 있다. 분명히 어려운 일이고 우리나라뿐 아니라 전 세계가 고민하는 부분이다.

맘껏 꿈꾸고 더 나은 미래를 기대할 권리가 당연히 청년의 권리임을 우리 사회는 잊지 말아야 한다. 그리고 코로나19 같은 바이러스가 언제든 다시 일어날 수 있음을 염두에 두고 단기적 대응이 아니라 산업구조의 변화와 생애 주기에 따른 맞춤식 청년 정책을 도입해야 할 것이다.

(2020.4.23. 오마이뉴스)

# 교복으로 얼룩진 새 학기

코로나19가 전국 유치원과 초중고교의 개학과 입학까지 연기시켰다. 이럴 때일수록 필요한 건 성숙한 시민의식이다. 민간 분야와 공공 분야가 공적 이익을 최우선의 가치로 삼아 움직여야 할 것이다.

학창 시절을 떠올리면 '교복'은 가장 먼저 떠오르는 추억의 아이템이다. 학교마다 다른 디자인, 다른 색 교복으로 소속감과 자긍심을 드러낸다. 대다수 학교가 교복을 필수적으로 입게 하므로 매년 어느 집이나 교복 구입은 은근한 부담이 된다. 특히 아이돌을 모델로 쓰는 교복 브랜드가 많아지면서 공공연히 인상된 가격은 고스란히 학부모의 부담으로 전가됐다.

몇 해 전부터 일부 지방자치단체에서 교복구입비를 지원하고 있다. 학생 한 명에게 최대 30만 원의 교복구입비가 학교로 지원되며, 학교는 공동구매 등을 통해 학생들에게 교복을 직접 지급한다. 그런데 17만 원 수준이었던 교복비가 갑자기 30만 원까지 올랐다. 딱 지원금만큼 가격이 오른 것이다. 업체에서는 교복의 품질을 높였다는 등의 이유를 들지만 담합한 게 아닌지 의구심을

임세은 식당으로 오세요

지울 수 없다.

공정거래법 제71조는 담합을 중대한 위법행위로 규정한다. 담합은 소비자의 선택과 권리를 훼손하고 사회 공공성을 저해한다. 생산자의 가격 결정에서 담합 행위는 사유재산권의 정당한 행사가 아니다. 시장을 교란하고 다른 경제 주체의 권리와 이익을 침해하는 행위다.

경제학에서는 좋고 나쁨을 판단할 때 사회 후생을 판단의 한 축으로 삼는다. 교복 가격 담합 행위는 시장의 균형을 해치고 소비자 후생과 사회적 효용을 무너뜨린다. 특히 의식주 영역에서 일어나는 담합 행위에는 더욱 철저한 감시와 규제가 필요하다. 일부 아파트 부녀회의 아파트 가격 담합 행위 등에 대해 암행 감시단 등을 발족해 점검했던 것이 한 예다.

중고등학생의 교복은 선택이 불가능하다. 지방자치단체에서 신입생 교복 지원을 위해 관련 조례를 개정하고 예산을 편성해 실행한 것은 학부모의 부담을 완화하고 정부가 일관적으로 추진했던 보편적 복지를 실현하려는 의지의 일환이다.

정부 측에서 더욱 철저히 감시하고 규제해야 할 대목이다.

2015년 청주에서 교복 구매를 위한 입찰 과정 중 나온 담합에 대해 동일 행위 금지 시정 명령을 내린 적이 있다. 이는 정부가 복지 정책을 교란한 행위다. 기존처럼 시정 명령에 그칠 게 아니라 폐업 수준까지 검토할 만큼 더욱 엄중히 제재해 가격 담합 시도 자체를 원천 봉쇄해야 한다.(2020.2.25. 서울신문)

## 잉크도 안 마른 글자 '은행의 도리'

파생결합펀드(DLF)의 대규모 투자금 손실 사태를 계기로 시중 은행의 초고위험 상품 판매를 엄격히 제한해야 한다는 주장을 나는 2019년 10월 '왜냐면' 코너를 통해 제기했다. 이런 주장이 무색하게 2020년 새해 벽두부터 '라임자산운용'의 사모펀드가 다시금 도마 위에 올랐다. 지난 DLF 손실 사태와 같이 투자자 수천 명이 거대 자금을 잃을 위기에 처했다.

라임자산운용은 이미 2019년 가을부터 일부 펀드의 환매를 중단하거나, 환매 가능한 개방형 펀드를 일부 폐쇄형(환매가 일정 기간 불가능함)으로 전환하는 등의 진통을 겪었다. 이미 환매가 중단돼 3600명의 투자금 1조 5000억여 원이 묶여 있으며, 자산 가치로 대략 투자금의 70퍼센트에 이르는 손실이 발생하리라고 추산하고 있다.

그런데 이번엔 그중 하나인 이른바 무역금융펀드가 미국 금융당국으로부터 '폰지 사기'로 판명돼 6000억여 원의 자산이 동결돼버렸다. 폰지 사기란 쉽게 말해 일부의 다단계 수법과 비슷한 사기 방법인데, 앞선 투자자의 수익은 후발 투자자들의 자금으로 만들어주면서 투자자를 계속 모집하게 한다. 라임자산운용의 무역금융펀드는 운용 금액의 40퍼센트가량을 투자하는 미국 헤지펀드에 대한 투자 위험을 알고 손실을 보는 중에도 장부상 이익을 나타내며 보란 듯이 투자자들을 경쟁적으로 모았다.

문제는 그 펀드 역시 대부분이 시중은행에서 판매됐다는 점이다. 현재로선 원금 손실 가능성이 가장 큰 무역금융펀드의 경우 우리은행과 하나은행, 신한금융지주 계열사인 신한금융투자에서 전체의 80퍼센트가량 판매한 것으로 나타났다. 게다가 일부 투자자들은 사모펀드인지 전혀 몰랐고 원금을 잃을 위험도 감지하지 못했으며 예금의 한 종류라는 설명을 듣고 투자했다고 얘기한다.

물론 예전에 문제가 됐던 키코(KIKO)나 지금까지 해결되지 않고 있는 DLF는 어느 정도 투자 모형이 정형화된 파생금융상품인데 반해, 라임의 사모펀드들은 운용 방식이나 기초 자산 등이 상품마다 천차만별이기에 원금 보장 상품이라고 설명하기에는 다소 무리가 있을 수 있다.

이제 DLF 사태가 여전히 진행되는 중에 라임자산운용의 사모펀드 사건까지 발생하니 금융업계 전반, 특히 은행에 대한 불신이 얼마나 더 커질지 내다보기 어려울 정도다.

2019년 국내 은행의 당기순이익은 12조 원 정도였다. 그중 우리가 익히 이용하는 시중은행은 8조 원의 당기순이익을 창출했다. 물론 기업은 이익 창출을 위해 영업 행위를 하는 곳이다. 하지만 은행은 여타 기업들과는 달리 국가경제적·산업적 특수 기능을 하고 있으며 부실할 경우 국민의 세금이 들어가기도 한다. 그리고 수익에서 가장 큰 부분을 차지하는 이자 이익은 바로 국민들이 예금하고 대출하는 가운데 나오는 예대 마진을 기반으로 삼고 있다. 이렇게 국민과 국가가 늘 함께하고 있는데도 은행은 고위험 상품을 판매해 국민에게 손실을 일으키고 불완전 판매 등을 반복하는 행태가 안타까울 뿐이다.

금융업계, 특히 은행은 뼈아픈 성찰과 반성을 거치고 납득할 만한 대책을 세워 그간의 불신과 우려를 만회해야 할 것이다. 그것이 은행이라는 기관을 존속시키는, 예금하고 대출받는 국민들에 대한 도리다. 이번에 통과된 금융소비자보호법 제정을 계기로 금융 소비자를 더욱 보호할 수 있는 성숙한 제도가 자리 잡아 금융상품 부실 판매, 불완전 판매, 거대 손실 등 같은 뉴스를 보는 일이 없기를 바란다.

(2020.1.27. 한겨레)

임세은 식당으로 오세요

## 나의 키다리 아저씨

2019년에 방영됐던 드라마 '나의 아저씨'에서는 주인공 아이유가 불법 사채업자에게 매를 맞거나 도망 다니는 등의 장면이 유독 많았다. 드라마의 장면이기는 해도 보고 마음이 아픈 팬들이 작가를 비난하는 일까지 있었다. 드라마나 영화에서 불법 사채업자에게 쫓기고 협박당하는 장면은 매우 익숙하다. 슬프게도 이런 일은 비단 드라마 속의 한 장면에 그치지 않고 현실에서도 자주 일어난다.

뉴스에서 불법 추심을 당한 채무자가 견디다 못해 스스로 목숨을 끊었다는 소식을 종종 접하곤 한다. 불법 대부를 이용한 이유는 천차만별이지만 대다수는 제도적 테두리 안에 있는 금융을 이용하지 못해서다. 상업은행과 같은 제1 금융은 말할 것도 없고 제2 금융과 등록된 대부업체에서조차 최소한의 신용마저 인정받지 못하는 이들이 갈 수 있는 곳은 결국 불법 사금융뿐이기 때문이다.

정부는 그간 꾸준히 대부업의 최고 금리를 인하해왔다. 최고 49퍼센트였던 금리는 2019년 중순 기준 평균 18.6퍼센트로 낮아

졌고 대부 이용자도 2015년 12월 기준 268만 명에서 2019년 6월 기준 200만 명으로 점차 줄어들고 있다. 이는 대부업자 등의 영업이 축소하고 정책 서민금융이 지속적으로 확대된 것이 주요한 원인이었다. 최소한의 제도적 금융을 이용할 수 없는 이들에게 정부의 이런 정책은 사막에서 단비를 만난 격이다.

그러나 대부업 시장이 축소되고 법정 최고 금리 인하가 정착됨에 따라 저신용 서민층이 오히려 불법 사금융의 사각지대로 내몰릴 수도 있다는 우려도 있다. 이에 정부는 저신용 서민들을 위해 '햇살론' 등을 출시해 지원하는 식으로 자금 이용에 어려움이 발생하지 않게 서민금융 공급 여건을 개선하고 있다. 그리고 불법 사채 등에 피해를 입지 않게 불건전 영업 행위를 지속적으로 점검하고 불법 사금융을 엄정히 단속하는 한편, 사금융 피해자를 위해 각종 구제 절차 등도 마련하고 있다.

지금의 정책과 지원을 지속하는 한편 저소득 자영업자와 고령자, 청년처럼 상대적으로 더 신용이 취약한 계층들을 위한 금융 정책도 세심히 보강해야 할 것이다. 그리고 장기 소액의 부실 채권들에 대해서도 소각 절차 등을 마련해 저신용자와 저소득자가 건전한 경제 주체로 사회에 참여할 수 있게 도와야 한다.

노무현 대통령은 생전에 "적어도 먹고살기 힘들고 살기 어려워 죽는 사람은 없어야 한다"고 말했다. 먹고살 돈이 없어 대부를 이용하고 이것이 다시 삶의 멍에가 되어 인생을 포기하는 일은 없어야 한다. 부디 정부가 계획한, 저신용 서민들을 위한 금융

임세은 식당으로 오세요

정책과 보호 제도 등이 면밀히 잘 실현되어 빚 때문에, 돈 때문에 삶을 포기하는 인생이 없어지기를 간절히 기원한다.

삶의 막다른 골목에서 나를 도와줄 '키다리 아저씨'는 바로 이 사회의 안전망이다.

(2020.1.14. 국민일보)

## 부동산에 몸 단 어떤 언론에 대한 새해 소망

부동산이라는 단어의 뜻을 그대로 옮기자면 '움직이지 않는 자산'이지만 올겨울까지도 그 움직임이 심상치 않았다. 이에 정부도 대출 규제라는 깜짝 카드를 꺼내 특정 지역 중심으로 요동치는 아파트값 상승을 막아보려 하고 있다.

2020년 대책의 핵심도 한 축은 대출 규제에 기초한다. 이번 정책에 여러 반대와 걱정이 있고 충분히 납득할 만한 우려도 있다. 하지만 언론은 잇달아 자극적인 기사를 내보내며 '백약이 무효'라는 식의 도그마를 앞세우고 있다.

일례로 지난 세밑을 앞두고 나왔던 '졸지에 계약금 1400만 원 날릴 판'이라는 제목의 기사는 얼핏 무주택 서민이 정부의 대출 규제로 선의의 피해자가 되는 경우가 속출할 수 있다고 속단하게 한다. 하지만 기사를 좀만 자세히 살펴보면 매수자는 서울의 이른바 입지 좋은 곳에 16억 원가량의 아파트를 구매하기 위해 은행에서 4억 원을 대출받으려는, 즉 현금 12억 원을 보유한 이였다. 우리가 익히 알고 있는 '서민'이라는 개념에서는 많이 벗어난 구매자인 셈이다. 그 밖에도 '대출 규제로 발이 묶였다', '아파트

가격 상승 내년에도 멈추지 않을 듯' 등과 같은 논조의 기사를 생산해내며 프레임을 더욱 공고히 하려는 움직임이 여러 매체에서 발견된다.

하지만 이런 기사들에서 언급된 거래 지역은 이미 전체가 서울, 특히 투기과열지구로 지정된 곳이고 그 매수자들은 이미 수십억 원을 보유하고 구매에 '단 몇 억 원'이 부족한 시민인 것을 보면, 정부 정책의 옳고 그름을 떠나 해당 기사들이 의도하는 바가 무엇인지 의심하지 않을 수가 없다. 더구나 정부 시책이 발표되자마자 이런 기사를 쏟아내는 언론들의 모양새를 보니 의심이 더욱 깊어진다.

이에 무주택 서민들은 5년여 전 박근혜 정부 시절에 '빚내서 집 사라'는 말을 따랐어야 했다는 푸념으로 응답하기도 한다. 불황의 사이클 안에서 건설 경기를 부양하려고 내놓은 정책이었지만, 국민들은 이를 작금의 '부동산 대란'을 내다본 혜안으로 여기는 현실까지 오게 됐다.

경제는 심리가 많은 작용을 한다. 특히 부동산은 여느 재화처럼 일반적인 수요와 공급 시스템으로 바라보기 어려운 특수한 물건이다. 실제로 2018년 9·13 대책 이후 부동산 소비심리 지수가 빠르게 하락했고 아파트 매매 가격 지수도 후행해 하락했다. 그리고 2019년 5월 이후 소비심리 지수가 급격히 상승하자 아파트 매매 가격 지수 역시 후행해 상승 국면으로 들어갔다.

특히 서울 역세권 시장의 소비심리는 서울 그리고 전역에 걸쳐 더 큰 영향을 준다. 혹여 전체 시장 참여자들의 1퍼센트에도 미치지 못하는 아파트들의 가격이 선도하는 가격 상승 물결에 현혹되거나, 마침내 부동산 전체 시장을 흔드는 '왜그 더 도그(꼬리가 몸통을 흔드는 상황으로 빗댐)' 현상이 이어질까 봐 두렵다. 만약 이런 현상이 지속된다면 미래의 대한민국 경제가 부동산이라는 절벽을 타고 장기 불황의 터널로 직행하지 않을까 하는 우려마저 든다.

결국 그 피해는 고가의 아파트를 지닌 '유주택 대출자'가 아니라 '진짜 서민'이 고스란히 떠안게 될 것이기 때문이다. 새해 벽두에 각계각층, 특히 언론은 이제 막 나온 부동산 대책에 대해 날카롭지만 좀 더 차분한 시선으로 바라봐주기를 소망한다.

(2020.1.2. 한겨레)

## 조금도 불편하지 않습니다

"무겁더라도 카시트는 꼭 가져와."

미국에 아이와 함께 가려는 내게 현지에 사는 지인이 한 말이다. 아이를 카시트에 태우지 않으면 운전자는 바로 구금될 수 있기 때문이란다.

머무는 동안 미국은 적어도 아이들 같은 약자의 안전에 대해서는 지나칠 정도로 철저함을 실감했다. 스쿨버스를 추월하지 않는지, 교차로에서 꼭 정지하고 스쿨존에서는 24시간 서행하고 수시로 정지하며 경적 금지를 지키는지 경찰이 늘 차량을 지켜보며 통제하고 지휘한다. 며칠간 경험한 게 그 정도이니 아마 더 많은 보호 규칙이 있을 것이다.

'민식이법'이 민식이 부모님의 피눈물과 함께 겨우 통과됐다. 민식이의 사연을 들은 다수 시민들, 특히 가족 중에 어린아이가 있는 엄마와 아빠, 할머니, 할아버지, 고모, 삼촌 등이 자신의 일처럼 안타까워했다. 그러나 일부에서는 이번 법률안 통과가 과도하다는 비판도 있다고 한다. 스스로 자신을 통제하기 어려운 아이들이 수시로 지나다니는 곳에서 몇 분만 천천히 주행하고 잠깐

멈춰 주위를 잘 살펴보라는 것이 과도한가?

누구나 운전을 하다 보면 크고 작은 접촉 사고가 발생하곤 한다. 그렇기 때문에 운전자는 자동차전용도로에서도 방어 운전 등을 하며 조심히 운전하기 마련이다. 그런데 어린아이들이 수시로 다니는 도로에서 저 수준의 주의를 살피는 것이 불편하고 효율적이지 않다는 생각을 할 수 있는지 안타깝다. 어린이보호구역 내에서 교통사고는 연 450여 건 발생하며 지금 이 순간에도 발생하고 있는지 모른다.

그동안 우리는 효율성과 경제성장을 이유로 얼마나 많은 생명을 잃었나. 세계 10위권의 선진국이 된 지금도 인간 존중과 생명 존중, 약자 보호보다 경제성장과 효율을 이야기하고 있나. 경제성장과 더불어 의식과 사회의 성장은 함께 이루지 못했는지 답답할 뿐이다.

약자들과 생명에 대한 배려와 보호는 사회가 당연히 지켜야 하는 의무이자 사회가 존속할 수 있는 힘이다. 사회의 존속 없이 성장이 무슨 소용이 있을까? 그 어떤 경제적 이익이나 사회적 효용성보다 생명 존중이 앞서야 한다. 특히 어떤 미래를 만들어나갈지 모르는 어린아이의 생명보다 앞서는 것이 있을까? 단언하건대 없다.

이번 민식이법 통과를 계기로 우리나라의 위상과 규모에 걸맞은 의식 전환, 사회질서의 체질 변화가 더욱 가속하기를 기대한다.

(2019.12.19. 국민일보)

임세은 식당으로 오세요

## 금리 인하의 낙수 효과 기대한다

　한국은행 금융통화위원회가 기준금리를 1.5퍼센트에서 1.25퍼센트로 낮췄지만 서민들은 쉬 체감이 안 된다. 금융기관이 예적금과 CMA 등의 금리를 빠르게 낮춘 반면 정작 서민들에게 영향을 주는 대출금리는 그대로 유지하거나 오히려 올린 탓이다. 금융 소비자에게 불합리적인 구조이자 정책 효과를 기대할 수 없는 부분이다.

　가계 부채는 주택 자금이나 생활 자금 등으로 적절하게 사용하면 자산 증식이나 자금 흐름에 도움이 된다. 그러나 그 규모가 일정 수준을 넘어서면 가계와 국가 경제에 모두 부담이 된다. 우리나라는 OECD 국가 중에서 가구의 처분가능소득 대비 부채 비율이 185퍼센트로 매우 높다.

　특히 소득 1분위에 속하는 저소득층 가계의 평균 부채 보유액은 다른 분위에 비해 상대적으로 더욱 빠르게 증가하고 있다. 저소득층은 자산을 매개로 한 부채 비중이 현격히 낮기 때문에 외부 충격에도 매우 취약하다. 이들 저소득층은 자금을 조달하는 자금원 중 은행이 차지하는 비중이 빠르게 감소하고 상대적으로 고금리에 자금 조달이 쉬운 상호금융 기관이 차지하는 비중은 크게 확대됐다. 은행이 가계 대출에 대한 건전성 관리를 강화하며 저소득층에 대해 더욱 엄격히 심사했기 때문이다.

기준금리가 인하됐어도 저소득층에게 은행의 문턱은 아예 넘을 수 없는 벽이 돼 있다. 그래서 신용 대출의 절반가량을 여신 전문 금융회사나 대부업체에 의존하는 경우가 다른 분위보다 매우 많다. 부채 부담 또한 그만큼 높을 수밖에 없다. 그야말로 '이중고'다.

소득 1분위 가구의 한계가구 비중도 월등히 높아지고 있다. 이처럼 저소득층의 부채 부담이 가계 부실로 이어질 수 있다. 이런 부실은 다른 분위 계층에도 악영향을 줄 수 있고 경제 활성화에도 큰 걸림돌이 된다. 국가 전체적으로도 큰 부담이 된다.

서민들은 이미 주거비와 통신비, 교육비, 대출 이자 등으로 상당한 가계 부담을 떠안고 있다. 우리 서민들이 건전한 경제 참여자로 주도적인 역할을 하려면 부채에 대한 부담 경감이 필요하다. 정부는 앞서 언급했던, 금리 인하와 대출금리 간의 부조화 등을 살펴 부채 조달 및 관리, 부실 채무 정리 등 피부에 와 닿고 실제 가계경제에 도움이 되는 세심한 정책 지원을 펼쳐야 한다. 정책 금리 인하의 효과가 가계 구석구석까지 닿을 수 있기를 기대한다.

(2019.12.4. 국민일보)

임세은 식당으로 오세요

# 은행을 돌아볼 때다

　　파생결합펀드에서 대규모의 투자금 손실 사태가 벌어지면서 투자한 고객들의 아우성이 크다. 그런 가운데 10월 초에 진행된 국회 정무위원회의 국정감사에서는 수많은 질타가 이어졌다. 급기야 금융감독원장이 감독 책임자로서 사과하고 철저한 점검을 약속했다. 앞서 10월 2일 금융감독원은 잔액이 남아 있는 주요 해외 금리 연계 파생결합펀드는 3200여 명의 투자자에게 7950억 원가량 판매됐고 남아 있는 잔액은 6700억여 원이며 그중 5780억 원이 손실 구간에 진입해 예상 손실률은 52퍼센트라고 밝혔다. 즉 만기가 남아 있는 고객의 투자금 대부분이 원금의 50퍼센트 이상 까먹은 것이다.

　　금융감독원은 조사와 실태 점검을 진행하고 있고 고객들도 집단소송을 준비하는 등 파장이 클 것으로 보인다. 문제가 된 금융상품은 미국과 독일, 영국 등 해외의 금리를 기초 자산으로 하며, 해당 기초 자산이 특정 범위 내에 있으면 약속된 금리를 지급하고 범위 밖으로 벗어나면 기초 자산이 하락하는 비율이나 정해진 손실 배수만큼 원금이 손실되는 구조다. 이런 상품은 갑자기 만들어진 게 아니라 그동안 업계에서 매우 흔하게 발행해왔던 구조의 상품이다. 문제는 불완전 판매를 넘어 부적절한 판매와 관리에 있다.

손실이 난 상품의 대부분은 보수적 투자자들이 선호할 만한 '선진국의 금리, 짧은 만기(4~6개월), 보장 금리 쿠폰'을 장점으로 하는 상품이다. 그렇다 보니 판매하는 직원조차 내포된 위험성을 인지하지 못했거나, 선취 판매 수수료와 실적의 유혹에 모른 척했을 것이다. 직원용 자료조차 상품이 가지는 우수한 장점만을 마케팅 포인트로 열거하고 파생금융상품만이 지니는 특수한 위험성은 투자 유의 사항 수준으로만 적어놓았다. 상품의 특수한 위험을 알았더라도, 혹여나 몰랐더라도 불완전 판매에 대한 책임은 물론이고 고객 기망 행위이기에 도덕적 책임 또한 피할 수 없다.

은행은 매우 특수한 기능을 하고 있는 기관이다. 우리가 흔히 알고 있는 예적금과 대출 같은 여신 업무뿐 아니라 통화량 조절 같은 중요하고 다양한 공적 역할을 수행한다. 단지 하나의 회사가 아니라 정부의 가장 중요한 경제정책에 영향을 미치는 기관이기에, 설립 인가뿐 아니라 규제 또한 강할 수밖에 없다. 금융 선진국인 미국의 경우만 살펴봐도 은행의 지배 구조나 이사 선임 등의 문제까지 정부에서 규제하고 있다. 그만큼 은행은 정부와 국민에게 너무나도 중요한 기관이며 서민에게 일상에서 보편적인 금융 서비스를 제공하는 기관이다.

그렇기에 은행이 이번처럼 문제가 된 초고위험 상품을 판매하는 것을 엄격히 제한해야 한다. 은행과 거래하는 고객과 증권사 같은 금융투자회사와 거래하는 고객은 투자 위험에 대한 성향이 현격히 다르다. 오히려 금융투자회사 고객은 '원금 보장'에 대한 기대보다 '투자 수익'에 대한 기대가 큰 이들이 대다수다. 그렇기에 이런 파생금융상품 중 초고위험 상품은 원금 손실 감내가 상대적으로 큰 금융투자회사에서 한정적으로만 취급하는 것이 합리적이다.

파생금융상품이 모두 다 위험한 것은 아니다. 은행은 그중에서 사실상 원금 보장 상품으로 취급되는 주가연계사채(ELB)와 파생연계사채(DLB), 한 종류의 주가지수만 기초 자산으로 하는 주가지수연계펀드(ELF) 같은 중위험 수준의 상품 정도만 선택적으로 판매할 수 있는, 투자 위험도별 판매 제한 조치가 필요하다고 본다.

금융 산업의 발전은 안정적인 금융 소비자가 존재해야 가능하다. 이번 사건으로 눈물을 흘리고 있을 선량한 투자자의 아픔을 보듬을 수 있는 구체적이고 현실적인 대책을 기대한다.

(2019.10.14. 한겨레)

## 시그널, 결론은 민생

태양이 가장 뜨거운 7월 말과 8월 초, 세계 경제에선 뜨거운 태양보다 더 불타오르는 사건들이 하루가 멀다 하고 발생했다.

일본의 한국 수출 규제, 미국의 중국 수입품 관세 부과, 중국 위안화의 급격한 약세, 미국으로부터의 중국 환율 조작국 지정까지 헤드라인 뉴스만 따라가도 정신이 혼미한 사건들이 신문과 텔레비전, 온라인 뉴스 등을 빼곡히 채웠다.

이 같은 경제 이슈들은 특히 대외 의존도가 높은 우리나라에 적지 않은 타격을 주고 있다. 3년 만에 코스닥 시장은 사이드카가 발동하고 코스피 및 코스닥 지수가 급락하고 원달러 환율이 1200원 이상으로 치솟는 등 경기에 대한 불안감이 엄습하고 있다.

이미 국내 금융시장은 글로벌 자금이 40퍼센트 가까이 차지하고 있고 세계 시장과의 동조화가 이뤄진 상황이라 글로벌 상황을 예의주시하고 대처해야 하는 것은 천명이다.

대통령의 주도하에 경제 관련 국무회의가 연속적으로 열렸고, 경제 뉴스에도 경기에 대한 우려들이 가득 메워졌다. 심지어 우리 국민의 트라우마라 할 수 있는 '제2의 IMF'를 준비해야 한다는 얘기까지 나왔으니 경제 하락에 대한 두려움과 걱정이 얼마나 예민한지는 미뤄 짐작된다.

이번 주식시장 하락은 미중 무역 전쟁과 환율 조작국 지정 등을 기반으로 한 위안화 약세의 불확실성을 우려해 동반 하락한 것이 주된 이유라고 진단된다. 원화와 위안화의 상관관계는 약 0.8대에 달하므로 위안화 약세는 원화에 대한 환율 리스크로 이어진다. 이는 곧바로 주식시장 약세로 이어지는 경우가 많으며 이런 경우는 과거에도 종종 있어왔다.

또 미중 무역 분쟁은 우리나라뿐 아니라 글로벌 시장에도 영향을 미쳐 환율 불안에 대한 공포와 불확실성으로 인해 동반 하락했다. 게다가 우리나라는 일본의 수출 규제와 같은 정치·경제적 이슈와 맞물리면서 파장이 더 크게 와 닿았다.

우리나라는 GDP 10위권과 수출 6위권에 든 경제적으로 어엿하게 성공한 나라다. 하지만 여전히 GDP의 70퍼센트 이상이 수출 무역에 의존하고 내수가 취약한 경제구조이기 때문에 글로벌 경제의 작은 바람도 우리나라에는 태풍으로 다가오는 경우가 파다하다. 이를 우리 경제구조를 조금씩 개선해나가는 반성과 계기로 삼아야 함은 분명하다.

경제문제는 먹고사는 문제이기 때문에 국내외를 초월하는 중요한 문제다. 응당 한껏 예민하고 신중히 받아들여야 함은 부인할 수 없다. 그리고 혹시나 잊어서도 안 된다. 모든 시작과 끝이 먹고사는 민생 문제, 경제문제를 중심으로 바라봐야 한다는 점이다.

주식시장은 경제지표의 선행 지수 중 하나다. 즉 주식시장의 등락이 뒤늦게 영향을 발휘하는 경제 요소에 영향을 줄 수 있다는 뜻이다.

경제, 특히 서민들에게 직접적인 부담을 주는 내수 경기는 불확실성을 기반으로 한 심리적인 경기 체감에 큰 영향을 받는다. 최근 내수 경기가 이제 막 기지개를 켜려고 하는 시그널이 관찰됐다. 하지만 글로벌 이슈로 인한 경제 불안감이 내수 경기에 악영향을 미쳐 불황 심리를 만들어내는 것은 아닐까 하는 '과도한 우려'를 해본다.

괜찮지 않은 시그널을 애써 괜찮다고 하는 것도 큰 문제이지만, 과도하게 부풀려 심리적인 위축을 주는 것도 경기에 큰 도움이 되지 않는다. 냉정하지만 조화로운 대응이 언론과 사회, 시민 모두에게 요구되는 시기다.

(2019.8.20. 신아일보)

# 그 어려운 걸, 정부가 해내야 합니다

한국은행은 2019년 7월 18일 기준금리를 기존 1.75퍼센트에서 1.5퍼센트로 0.25퍼센트 인하하기로 결정했다. 부동산 가격 상승 등 실물 자산 가치의 무분별한 상승을 억제하기 위해 지속적으로 한 단계씩 상승했던 기준금리를 8개월 만에 인하했다. 문재인 정부가 출범한 이래 첫 금리 인하다.

미국과 중국 간의 무역 갈등이 주도권 문제로 지속되고 있는 데다 일본의 무역 보복과 유럽의 노딜 브렉시트 등 여러 대외적 상황이 악화되고 투자 심리와 소비 심리가 위축되는 것을 고려한 선제적 조치라고 판단된다.

경기를 움직이는 큰 축인 재정정책과 통화정책 중에서, 금리는 통화정책 중 경기 상황에 대응하는 대표적인 경제정책이기에 매번 금융통화위원회의 결정은 정부 당국자들은 물론, 대다수가 부채자인 일반 시민들에게도 가장 피부에 와 닿는 중요한 결정이다.

현재 시점에서 금리 인하는 가계 부채가 1500조 원에 육박하는 상황에서 이자 부담을 다소 해소할 계기가 됐다. 이자 부담 감소가 소비 여력 증가와 적정한 인플레이션에 대한 기대로 이어지면서 경제적인 소비 심리 개선이 반작용으로 일어날 가능성이 높다. 그리고 장기적으로는 침체에 빠진 내수 경기가 활성화하는 효과, 특히 어려움에 빠진 자영업자들에게 낙수 효과를 기대해볼 수 있다.

그러나 모든 정책이 절대 선일 수가 없듯이 이번 금리 인하 조치에도 당연히 부작용에 대한 우려가 공존한다.

먼저 금리를 인하하면 그동안 정부의 강력한 정책으로 주춤했던 실물 자산, 특히 부동산에 대한 투자 수요가 다시금 요동칠 수 있다. 실제로 경기가 주춤하고 있는데도 주택가격전망 지수는 꾸준히 상승세를 유지하고 있다. 서울 강남 지역을 중심으로 가격이 오르리라는 기대가 조금씩 꿈틀거리고 있다. 그리고 연금 수익이나 예금이자 등으로 생활하는 은퇴자들에게 금리 인하는 적지 않은 타격을 줄 수 있다.

한편 시중은행은 기준금리 인상 인하와 별 관계없이 큰 예대마진을 거두었다. 한국은행의 예금금리 가중평균금리 자료에 따르면 기준금리 인상 인하와 크게 상관없이 늘 일정한 예대 금리 차이를 확인할 수 있다. 이렇게 예대 금리 차의 격차가 발생하는 것은 금리 상승시에는 대출 금리가 먼저 또 높이 오르고, 하락시에는 예금 금리가 먼저 또 낮게 내려가는 단순한 이유 때문이다.

이미 국내 은행의 누적 이자 수익이 2019년 3월 말 기준으로 28조 8천억 원으로 분기마다 최고치를 갱신하고 있다. 은행은 통화 창출 등의 특수한 기능 덕분에 이미 합법적인 특혜를 받고 있는데 금융 소비자를 배려하지 않는 점은 아쉬운 대목이다.

금융 소비자들도 본인의 자산 및 신용 상황 등이 개선될 때 '금리인하요구권' 등을 활발히 요구해 금융 소비자로서 권리를 하나씩 찾아가야 한다. 금리 인하가 추구하는 목적과 다르게, 소수 특정 집단에게 돌아가는 이익의 마중물이 되는 것을 경계해야 할 것이다.

금리 인하라는 통화정책의 전환이 그동안 잠잠했던 주택 가격 상승이나 가계 부채 확대 등을 유발할 가능성을 조심스레 경계하고, 금융 약자인 서민과 중소상공인, 자영업자들이 소외되지 않게 통화정책과 재정정책이 맞물려 조화롭게 나가는, 정책적인 노력과 세심함이 더더욱 필요하다

어려운 일이지만 누군가는 해야 하고 그 누군가는 지금의 정부다.

(2019.7.30. 신아일보)

## 답은 정해졌다, '너야, 너'

2020년 최저임금이 2019년보다 2.9퍼센트 인상돼 8590원으로 결정됐다.

문재인 대통령의 대선 공약인 최저임금 1만 원 시대에서 경제 상황 등을 고려한 속도 조절론이 반영됐다. 사실 대통령 선거 당시 모든 후보가 최저임금 1만 원을 공약했으니 지금의 최저임금 속도 조절은 1만 원 시대를 기대했던 유권자들에게는 조금은 실망스러울 수도 있다.

최저임금 인상률의 적정성 여부는 차치하고 최근 이삼 년간 최저임금이 왜 이토록 언론에 많이 노출이 되는지 궁금하지 않을 수가 없다.

기억을 더듬어보면 이전에는 최저임금과 관련한 뉴스나 토론이 이렇게 활발하게 이뤄지지는 않았다. 특정 사안에 대해 건전한 토론이 활성화되는 것은 환영할 일이다. 하지만 그간의 내용 다수는 최저임금을 경제를 어렵게 하고 실업을 만들며 자영업을 망하게 하는 '악의 축'으로 치부하고 있는 듯하다.

경제는 어느 한 요소만으로 흥망성쇠를 만들지 않는다. 우리나라는 글로벌 경제, 특히 미국과 중국 같은 대국과 공조화가 대부분 이뤄진 만큼 외부 요소의 영향을 많이 받는다. 내수로도 경제 유지가 가능한 이웃 나라 일본과는 인구와 산업 구조 등의 상황이 다르다.

최근의 경제적 어려움은 여러 요소가 상존하지만 제조업 중심의 수출 주도 경제인 우리나라가 미중 무역 마찰 등 글로벌 요소로 경제성장에서 가장 큰 부분을 차지하는 수출이 어려움을 겪고 있는 것이 가장 큰 요인이라고 볼 수 있다. 안타깝지만 이 어려움은 빠른 시일 내에 개선되기는 어려워 보인다.

고용 역시 특정한 요소 하나로 증감이 나타나는 것은 아니지만 적어도 논란이 되는 최저임금은 '고용 참사'라고 외치는 주범은 아니다. 통계학적으로 경제활동인구로 구분되는 15세에서 64세까지의 고용률을 보면 그래프는 강보합의 모습을 보인다.

그리고 지난달 통계청에서 발표한 '임금근로 일자리 동향'을 살펴보면(2018년 4분기) 전체 임금근로 일자리가 전년 동기 대비 35만 9000개 증가했다. 특히 최저임금에 가장 큰 영향을 받을 도소매업은 9만 2000개(증가율 4.8퍼센트), 숙박·음식업은 3만 8000개(증가율 4.8퍼센트)로 오히려 증가하고 있다. 필자의 가족도 고용원 없는 자영업을 하고 있지만 자영업 70퍼센트 이상이 고용원이 없는 자영업이다. 즉 최저임금과는 큰 상관이 없는 것이다.

자본주의 사회에서 열심히 일하고 노력한 만큼 성취하는 것은 누구도 부인하지 않는다. 최저임금은 노동을 제공했으면 이 사회에서 필요한 경비의 기본을 제공하고자 하는, 사회의 약자를 위한 최소한의 안전망이다. 그동안 소외돼왔던 것이 이제야 자리를 잡아가는 과정이다.

지금껏 누군가가 주식배당으로 수십억, 수백억 원을 받았다고 몇 달, 몇 년 동안 비난받는 걸 본 적이 없다. 그런데 최저임금은 왜 유독 경제 상황에 대한 비난을 독차지해야 하는 걸까.

한 방송 토론에서 모 경제연구원의 관계자가 "최저임금은 4000원~5000원으로 충분하다"고 이야기해 한때 화제가 되기도 했다. 그분에게 묻고 싶다. 방송을 길게 잡아 30분 정도 한다면 3000원 드리면 괜찮냐고?

최저임금의 대상이 되는 경제적 약자들이 경제를 망하게 하는 것이 아니라, 사회적 효용이 증가하면 불편한 소수가 경제적 불황을 이유로 위기를 만들어나가는 것이, 경제적 심리가 크게 작용하는 우리 서민 경제 위기를 부추기는 것이라고 감히 생각해 본다.

'최저임금'이라는 단어가 경제 위기의 주범으로 적대시되지 않고 선진국인 우리 사회가 배려하는 희망의 단어로 다시 자리매김 되기를 소망한다.

(2019.7.14. 신아일보)

## 그곳에도 사람이 있었네

"아이고, 이제 노인네들은 마트도 못 다니겠다."

며칠 전 어머니가 이것저것 사느라 마트에 갔다가 자동 계산기에 자동 주차비 정산 등으로 애를 먹었다며 하신 말이다. 컴퓨터 같은 전자 기기와 함께 자라온 세대가 아닌 만큼 많은 어르신이 흔히 겪는 에피소드일 것이다.

'정보화 시대' 이전에는 일상의 거의 모든 일을 '사람'이 했다. 초등학교 때 학생 저축·적금을 담당하는 작은 금고가 학교 안에 있었다. 그때는 돈을 맡기면 수기로 통장에 기장을 해줬다. 학교 안의 작은 금고라지만 수신이 이뤄지는 업무를 사람이 볼펜으로 저축액과 출금액을 쓰던 것을 경험했다.

지금은 영화에서나 볼 수 있는 버스 안내 차장, 엘리베이터 안내 도우미, 전화 교환원, 극장 간판 미술사, 문서를 인쇄하는 식자공 등 많은 직업이 있었다. 정보화 시대에 자란 '서태지 세대'가 직접 본 '그때 그 사람'을 이제 직업인으로서는 거의 볼 수가 없다.

기술이 발전하고 산업구조가 변하면 사라지거나 새로 생기는 직업이 교차하며 '페이드 인 앤 아웃'을 하는 것은 자연스러운 시대 흐름이다. 지금 우리가 종사하는 직업도 어느 순간 '페이드아웃' 될지 모른다. 미래학자 토마스 프레이는 '2030년까지 전 세계 40억 개의 일자리 중 20억 개가 사라질 것'이라고 예측했다. 멀지 않은 2030년, 고작 10년 남짓 남은 시간이다.

통계청이 발표한 '2018년 3분기 일자리 동향'을 보면, 전체 임금근로자는 전년 동기 대비 큰 증가세를 보였지만, 전체 일자리 구성에서 큰 부분을 차지하고 있는 제조업이 0.4퍼센트 감소하고 경기의 단기적 부양에 큰 영향을 주는 건설업이 6퍼센트로 가장 크게 줄었다. 이는 비단 생산기술의 발전, 산업구조의 변화, 경기순환 요소 등의 영향이 있다 하더라도 제조업 수출이 국내총생산에서 차지하는 비중을 생각한다면 다소 아쉬운 부분이다.

그러나 고무적인 것은 보건 및 사회복지 일자리가 전체 일자리에서 구성비가 증가하며 4.9퍼센트의 증가율을 보였다. 물론 대체 일자리도 상당 부분 차지하고 있지만 그간 사회서비스에 대한 공급이 수요를 충족시키지 못한 것을 감안하면 사회 전체적인 효용은 개선되고 있는 신호로 보인다.

우리나라는 그동안 성장의 도그마가 강해 상대적으로 복지에 대한 배려가 많이 부족했다. OECD 국가의 평균 복지비 지출은 GDP의 21퍼센트인데 비해 우리나라는 그 절반인 10.5퍼센트에 지나지 않는다. 그럼에도 사회복지 서비스와 관련한 일자리나 예산이 증가하면 '포퓰리즘'으로 매도되기도 했다.

최근 IMF에서 회원국들과 경제정책 전반에 대해 협의하는

'IMF 연례 협의'가 있었다. 그 자리에서 IMF는 한국 경제에 대해 '탄탄한 펀더멘털을 갖고 있지만 수출 주도 국가이니만큼 다른 나라의 영향을 받아 먹구름이 있을 수밖에 없다'고 지적했다. 또한 목표 성장률 이상을 달성하려면 과감한 추경과 정부의 확장 재정이 필요하고 정책적으로 사회 안전망 확충과 적극적인 일자리 예산 증대, 보육 및 아동 수당 증대를 통한 여성의 노동시장 참여 증가 등을 제안했다.

몇몇 언론에서는 IMF에서 언급한 내용 중 일부 단어인 '먹구름'과 '역풍' 등에만 초점을 맞췄지만, 본질은 경제정책과 사회복지 영역에서 정부가 더 적극적인 역할을 해야 성장도 함께할 수 있다는 제언으로 보인다. IMF의 이야기가 '절대 선'은 아니지만 경제적 선진국 대열에 오른 한국이 사회적 배려 등이 부족한 점은 지속적으로 보완해야 할 숙제다.

사회서비스를 제공받는 사람들은 이른바 사회적 약자다. 이들은 서비스라는 재화를 제공받는 것뿐 아니라 사람으로서 정신적 공감을 필요로 한다. 이런 부분은 기술 발전이 해결할 수 없는 부분으로 사람만이 할 수 있다. 결국 사람이 살기 위해 발전도 성장도 해야 한다는 원초적인 답으로 돌아오게 된다.

지나간 그곳에 사람이 있었고 미래의 그곳에도 사람이 있다.

(2019.3.28. 신아일보)

# 한유총 이데아

'지나가는 스승의 그림자도 밟지 마라.'

일제강점기와 한국전쟁을 겪고 정치·경제적 약소국이던 대한민국이 세계에서 손꼽히는 경제적 위상을 갖게 된 원인 중 하나는 높은 교육열이었다. 없는 살림살이에도 자녀 교육에 대한 열망을 위해 노력했던 부모 세대의 노력을 누구도 부인하기 어려울 것이다.

오래된 이야기가 아니다. 다수의 3040 세대는 5060 부모님 세대의 교육에 대한 열망과 헌신 덕분에 첫 학교인 유치원부터 시작해 초중고를 보내왔다. 이어 우리나라 대학 진학률은 70퍼센트를 넘어서 명실상부 세계 최고 수준에 올랐다.

그동안 교육의 영역은 종교의 존재처럼 신성하게 여겼고 교육자에 대한 무한한 신뢰가 있었다. 한국 사회에서 지위 고하를 막론하고 존경하는 분야가 교육의 영역이라는 사실이 이를 증명한다. 그렇기 때문에 스승은 늘 존경의 대상이고 교육자라고 하면 무언의 존경심이 머릿속에 있어왔다.

한국유치원총연합회(한유총)에서 최근 '에듀파인(국가관리회계 시스템)'을 거부하는 대규모 집회를 열었고 며칠 전에는 개학 연기라는 초강수의 보이콧을 선언했다. 이런 초강수의 대응을 한 한유총이 주장하는 것은 사유재산 인정과 에듀파인 사용 거부, 이 두 가지로 볼 수 있다. 하지만 한유총이 주장하는 주장은 하나를 인정하면 다른 하나가 인정될 수 없는 모순을 갖고 있다.

한유총의 '사유재산 인정' 주장은 이미 유치원은 사유재산 인정을 넘어 교육을 한다는 공공성을 인정받아 국가의 세금을 상당 부분 지원받고 있다는 점에서 모순적이다. 어떤 사업을 할 때 국가에서 지원해주는 사업이 어디 있나?

한유총이 좋아할 자본주의 사회에서, 다른 분야의 사업자가 봤을 때 유치원은 불평등하고 과도한 특혜를 받고 있는 것이다. 특히 사교육이라 일컫는 학원도 교육을 담당하지만 지원은커녕 세금 혜택도 거의 없다. 그 이유는 사회에서 유치원이란 곳이 공적 가치를 실현하는, 교육을 담당하고 있다는 암묵적인 동의가 있기 때문에 그 누구도 세금 지원에 대해 반기를 들지 않기 때문이다.

자본주의에서는 금전이 지불될 때는 그만큼의 가치가 돌아와야 한다. 쉬운 예로 시장에서 물건을 살 때 수요와 공급에 맞춰 형성된 가격을 지불하고 지불한 만큼의 가치가 있는 재화를 구입한다.

한유총은 국가로부터 재정을 지원받는다. 국가는 세금을 지불할 때 우리 아이들을 안전하게 보육하고 잘 교육하는 가치를 돌려받기 위해 기꺼이 지원을 한다. 그리고 지원한 세금이 얼마만큼 아이들에게 잘 쓰이는지를 확인해야 한다. 그것이 특혜를 받아도 긍정적으로 용인하고 있는, 세금을 납부한 시민들에게 해야 할 정부의 의무다.

그런데 한유총은 이런 자본주의의 기본 원칙을 서로가 모순된 주장으로 무시하고 있으며, 이 나라의 미래를 만들어갈 아이들을 볼모로 교육의 신성함을 스스로 파괴하고 있다. 사회에서 암묵적으로 인정하고 동의했던 교육에 대한 가치를 본인들 스스로가 부정하고 적대시하고 있다. 자녀를 유치원에 보내는 학부모로서 '유감'이 아닐 수 없다.

대다수 국민은 과거에 유치원에 다녔거나 유치원에 다니는 아이가 있는 부모이거나 조부모이거나 고모, 이모, 삼촌, 외삼촌이다. 한유총이 거대 기득권 집단이라고 하지만 이제 그 저항 아닌 저항을 멈춰야 한다. 아이들을 볼모로 저항할수록 그동안 침묵하며 유치원의 공공성을 믿었던 국민들을 분노하게 만드는 일이 될 것이다.

서태지와 아이들의 노래 '교실 이데아'의 가사에는 '됐어, 이제 됐어, 이제 그런 가르침은 됐어'라는 구절이 있다. 부디 한유총이 묵묵히 교육의 역할을 다하고 있는, 수많은 우리 아이들의 스승들을 욕되게 하지 않기를 바랄 뿐이다.

(2019.3.3. 신아일보)

## '국가 불평등의 날'

IMF 구제금융 이야기를 다룬 영화 '국가부도의 날'이 2018년 개봉해 괜찮은 흥행 성적을 보였다.

20년도 넘은 그 시절. 아버지가 30년 가까이 다녔던 직장에서 명예퇴직을 하고 가족들 앞에서 '적어도 먹고살고 공부하는 데는 지장 없게 하겠다'고 비장하게 말씀하던 모습이 아직도 눈에 아른거린다. 어린 나이에 집이 망하는 줄 알고 울었던 기억이 생생하다.

영화의 내용과 시선에 대해서는 다소 논란이 있지만, 한 가지 분명한 것은 IMF 구제금융 사태는 오늘날 우리 일상에서 일어나고 있는 경제 상황들을 만든 대한민국 경제 변화의 시발점이었다는 점이다.

적어도 국가 부도의 날의 배경이 됐던 IMF 구제금융 사태 이전까지는 한 직장에서 30년 가까이 다니는 '평생직장'이 당연한 개념이었다. 오늘을 살고 있는 우리 세대에게는 매우 낯선 경험이지만 당시 개발도상국의 경제 상황에선 자연스러운 일이었다.

대한민국 일인당 GDP가 2018년 기준 3만 달러를 넘었다. 인구 5000만 이상의 나라 중에 국민소득 3만 달러가 넘는 나라는 우리나라와 미국, 독일, 일본 등을 포함해 10개국이다. 수출은 6000억 달러를 돌파해 세계 6위이다.

최근 우리나라의 CDS 프리미엄(부도 위험 지표로 낮을수록 위험도 가 낮음을 의미)은 근 12년 만에 최저치를 기록해 국가 경제의 건전성과 신뢰성을 전 세계에 입증했다. 유럽 경제 대국인 영국과 프랑스보다 낮은 수치이며 G2의 한 축인 중국보다 월등하게 낮다.

2019년 대한민국 경제는 전 세계가 선진국으로 인정하고 있는데 왜 이 나라를 살고 있는 우리 서민들의 삶은 1990년대 개발도상국 시대였던 때 당연했던 것들이 힘겹다고 느낄까?

한 국가의 경제는 크게 가계(소비), 정부(지출), 기업(투자)로 이뤄지며, 각각의 요소가 유기적으로 엮여 그 나라의 경기순환을 만들어나간다. 모든 요소가 경중을 따질 것 없이 다 중요하지만, 특히 가계 소비는 경제의 성장과 회복을 촉진하는 촉매제의 역할이자 불황에서 소비를 창출해 경제 순환을 만들어내는 주체이기에 더더욱 중요하다.

그러나 IMF 구제금융 이후로 경제성장률에서 가계는 점점 소외됐고 가계 소득·자산의 상위 계층 쏠림 현상이 두드러졌다. 특히 자산의 불평등이 소득의 불평등보다 훨씬 높게 나타났으며, 이는 장기적으로 소득 격차가 자산 격차로 이어졌고, 이 차이는 지속적으로 확대될 가능성이 높다. 이런 차이와 불평등이 당연히 받아들여지게 된 것이다.

임세은 식당으로 오세요

몇몇 대기업과 상위 계층에 소득과 자산이 집중이 되는 불평 등과 양극화가 지속된다면 일반 서민 가계의 소비 여력은 갈수록 감소한다. 이는 경기순환의 원동력인 가계가 경제 주체로서의 역할을 점점 잃어버리게 돼 국가 경제의 건전한 경기순환에서 위기가 발생할 수 있다. 그야말로 '불평등'이 '위기'를 만들어버릴 수있는 것이다.

다행히 최근에 당연하게 여겨졌던 '불평등'이 조금씩 개선돼가는 신호가 보인다. 소상공인과 대기업에 불평등하게 적용됐던 카드 수수료가 소상공인 중심으로 인하됐고 '제로 페이' 등도 시도되고 있다.

성장만을 위해 불평등하게 희생했던 사람의 값어치도 최저임금과 기초연금, 아동수당 등으로 채워지고 있다. 이런 시도들 덕분인지 GDP가 예상을 웃도는 성장률을 달성함과 동시에, 민간 소비가 2.8퍼센트 증가하며 2011년 이후 가장 높은 수준을 기록했다. 기업의 설비 투자도 6분기 만에 최고치인 3.8퍼센트 증가했다. 이제 시작이지만 가계 소비의 경제적 역할을 점점 넓혀가는 전환이 되고 있다.

영화 '국가부도의 날'의 대사 중에 "끊임없이 의심하고 당연한 것을 당연하지 않게 항상 깨인 눈으로 세상을 바라봐야 한다"는 대사가 있다.

IMF 구제금융 이후로 30년 '평생직장'이 생소한 개념으로 당연히 받아지는 상황이나 '경제 위기'라고 말하며 개인의 희생을 당연시하는 것을 의심해야 한다. 2019년에는 경제 위기라는 울타리 속에 숨어 있는 서민의 삶의 위기, 양극화의 위기, 불평등의 위기를 슬기롭게 차분히 풀어가기를 소망한다.

(2019.1.27. 신아일보)

# 임세은 식당으로 오세요
### 씩씩하고 당당한 정치 맛집

2024년 1월 3일 1판 1쇄 발행

지은이 임세은
펴낸이 임후성  펴낸곳 북콤마
디자인 *sangsoo*  편집 김삼수
등록 제2023-000246호
주소 (10449) 경기도 고양시 일산동구 호수로 336 103-309
전화 031-955-1650  팩스 0505-300-2750
이메일 bookcomma@naver.com
블로그 bookcomma.tistory.com

ISBN 979-11-87572-46-6  03300

이 책에 인용된 작품 일부는 저작권자가 확인되는 대로 정식 동의 절차를 밟겠습니다.
이 책의 전부 또는 일부를 이용하려면 반드시 저작권자와 도서출판 북콤마의 동의를 얻어야 합니다.

책값은 뒤표지에 있습니다.

, BOOKCOMMA